中国人六十年苦难史

刘春兰 著

加拿大国际出版社

书名：中国人六十年苦难史
作者：刘春兰
出版：加拿大国际出版社
印刷版 ISBN：978-1-998479-70-2
电子版 ISBN：978-1-998479-71-9
2025 年 12 月 加拿大第一版
2025 年 12 月 第一次印刷

Book Title: Sixty Years of Hardship History for Chinese
Authors: Chunlan Liu
Publisher: Canada International Press
Print version ISBN: 978-1-998479-70-2
EBook version ISBN: 978-1-998479-71-9
First Edition in Canada: Dec. 2025
First Printing: Dec. 2025

中國人六十年苦難

身經目睹
決無虛構

騎馬武軍征戰忙
戰場上抗日將

部分手稿

部分手稿

作者简介

　　刘春兰,民国初年生于河北吴桥,读到初小二年级,跟随东北军少帅张学良,也曾抗过战,帮助过中共红军,受过共产党不讲人性的非人间折磨,身经目睹,绝无虚构,以小学二年级水平,写下 1921-1981 这六十年期间中国人所经历的苦难。

目录

中共建党起，致乱开始时

1921 中华民国十年七月一日，毛泽东建立中国共产党，发出一个致乱口号，说中国大总统人人有份，也就是说中国的大总统谁都可以做（他那个主席死把着不让，这是后话），因此各省督军（省长）只要是有点势力或者靠山的，都想扩大自己的势力范围，以够做当大总统的条件，不只是军阀互争互战，到处胡匪四起。河南南阳一带有范二扁担，山东有刘黑七（桂堂），河北宁津吴桥一带有刘二道。胡匪都各监一帜，大旗上写着"天下第一团，谁要来补名字，一月三十元（银元），三天一娶媳妇，一天一过年"，有的还写着天下第一团，人人都该钱，有的就得给，没有也甭还"，兵灾匪患，民不得安哪。到处混乱，天也作孽，旱涝成灾，蝗蝗虫等！申公豹就是毛泽东，可乐个自称我这一手，真行，叫他们乱去吧，我好得平安无虑呀！

1922 中华民国十一年，在北京选举大总统，各省督军（省长）都来参加"选举"，张作霖东北镇威将军自觉着官衔高权势大，有依靠来参加选大总统，胸有成竹，今选必中啊？在座的人不少，吴佩孚号"子玉"，官衔不大，混成旅旅长有文化，满清时科举秀才（民间俗语，打官司秀才烧窑豆秸）进得门来，有不少人起坐相让。稍停，张作霖问他是什么人，有人介绍说，啊，吴子玉先生。张起火说：吴子玉就吴子玉呗，什么他妈巴子的先生学生的什么职位啊。第二十六混成旅旅长。张更火，说小小的个旅长，这地方哪有你的座位！出去！张作霖是行伍出身（大老粗）没文化，不喜欢先生学生的这些名堂，吴佩孚当即离去，到门口回头（冲着张作霖）说，叫你认识认识我这个旅长。

吴回去下令战备出发，带领二十六混成旅冲出山海关，向着张作霖驻军区域进攻，张军冷不及防，被直军占领了不少地方，第一次直奉战争开始了。张在北京闻报，京奉铁路已不通车，坐飞机回奉天（沈阳）布置迎战，召集将领开会。他到会议厅上坐下，拿着火眼袋吸烟，吸完后，磕达磕达烟灰说，妈巴子的，打！起身走了。众将领等议事呢。差人去问，他回来说，我不是说了吗，打呀！怎么打？还得我去打吗？众人一听，嗬，这么简单的议会真是少有。他说打，那怎么打，还是得咱们干去呀。走吧散会，各干各的去，从此战争不休。

这是第一次直奉战争。1922 中华民国十一年秋，打了不久议和了，张作霖的长子张学良认给吴佩孚作为冥合义子，两军停战。再说北京选举会，段祺瑞中选，他用三万银元收买一张选票，中选当上大总统后，同日本协商合约，日本给段祺瑞十万支大三八步枪，招练十万兵，开赴日本治安地面，日本全国军队出征去打俄国大鼻子。吴佩孚闻讯，不明真相就说段祺瑞卖国，缴他的械，收他的枪，段祺瑞下令，谁也不许发一枪，有打一枪的一定杀头，缴枪交人，万事大吉，吴佩孚连枪带人全收去了。

1923 中华民国十二年，段祺瑞大总统约请吴佩孚说，人员枪支你也全收去了，你来吧，咱俩谈谈？吴佩孚果然应约而往，见面后段说，你说我卖国哪？你就爱国了？这个卖国怎么卖法，你爱国怎么爱法，咱论论。日本占去朝鲜台湾山东半岛，辽东半岛胶济铁路，这就算完吗？早晚中日得有一场大战，不打个死的死，活的活不能完。我接受他十万支枪进去十万人驻守，主要口岸重地，全都守上，他们去打俄国大鼻子，打胜了回不来；打败仗更没路可归。咱们再去点人，唾手可得。

段大总统说完，问怎么样，吴佩孚听完说，我错了。哎呀，这一错，咳，太远了。我有个日本国还你就是了。

1924 中华民国十三年，吴佩孚又发动第二次直奉战争，分三路全面进攻。第一路出山海关直取锦州，第二路出九门口协助第三路出古北口由滦平经承德平泉陵原朝阳攻取后路，直取沈阳（奉天）攻取了奉天，挥鞭东指攻打日本。嗬，这一计划，就像灶王爷吃糖瓜，那么稳妥。第二路被阻于九门口，奉军找个放羊的羊倌带路，偷进了九门，第二路吃了败仗，旅长冯玉荣，畏罪吞金自杀，吴帅军令森严，下令，死了把脑袋割来，割了个头来又怕他哥冯玉祥。第三路叛变，派人去监督冯玉祥，不派人去不可呀，派去的人和冯玉祥合谋了，冯问来的人说，叫你来监督我，哪你怎么办，我听从你的呀，那好，你给大帅拍电报，攻入热河（承德）占领全城。第二三天报称，攻进平泉，又等两天迫近陵原，距朝阳不远了。催促大帅说，您还不快到前线去指挥去呀，我们这攻下朝阳就逼近锦州，直指奉天，实际上他们在热河没前进，等电报，吴帅急忙赶到山海关阵地，拍电报催促进兵。

冯玉祥反直，郭松龄反奉

冯玉祥得到吴帅在前线的电报，下令轻装，快步回北京，一昼夜赶到北京，平均每小时 15 华里，袭抄了直军大本营，段祺瑞大总统下野了，皇宫里逼宫，逐出宣统皇帝嫔妃娥等，中国断了大总统，这就是白逼宫，从此东西南北战争没有休止呀。大总统的影响呗。吴帅吴佩孚从秦皇岛上船逃走，各帝国的舰艇保险接待他，他拒绝不上，还是坐中国船南下，想着是集合五省兵马一齐往北推呀。四川省杨森带兵来救，大旗上写着舍川救吴，川也抢了，也没救的了吴，嗬，申公豹这个大总统人人有份，真好使！

冯玉祥占领北京天津奉军将领郭松龄攻入山海关抵宾州叛变！反奉往回打，在宾州举旗，有姜登选反对，骂郭说，你不够人味，吃老张喝老张，翻过来打老张？郭松龄开枪把姜登选毙了，其他人就没敢反对的了，一起往回打，沿途车站上的水塔都被炸倒，没法上水，抓民夫挑水，摆在站台上等候。在站台上都有不少的水在等。炮兵司令周作峰没提反对，就是炮弹不炸！郭的夫人会观星，充当参谋长，建议枪毙周作华，郭不从，说周是炮兵司令，把他毙了炮怎么整，留下他受了他害！

郭松龄率军攻到皇姑屯火车站，距奉天三十华里，华里公里和市里都不同，公里一千米，市里五百米，华里七百二十米。

张作霖情急火烧大帅府逃走，黑龙江省督军吴俊陞说，喔，老弟怎么啦，啊，当了官啦怕死了，咱们当胡匪的时候，枪林弹雨的，经过多少都不怕，这么前当了官就怕死了，别怕给日本打电话叫他歇兵三天，甭打了，给他腾出来接个现场的，有多好呢喔喔喔，老弟看我的，这个喔喔呀，是他的口头语，说话先喔喔再说话，撒手放官代，这都是他的话柄。

张作霖果真给日本领事馆打电话叫郭帅在皇姑屯歇三天兵进城接收，郭答应歇兵停止进攻，郭夫人参谋长不允许说，进攻攻进去再说，真若是攻进去呀就行了，这一歇兵，（成了韩信临死时说的那句话）悔不听蒯通之言了，他是没听老婆之言所致！

吴大舌头喔喔完了，调去了黑龙江的骑兵黑马队。歇兵第二天晚间，参谋长观星也就是郭帅夫人观见一星坠落于奉天城东南对郭说，大帅不好了，将星落了，郭仍说，明天进城，接收现成的去了，可是天明站岗的看见远处有骑马的往南跑，还不大清楚。天明以后看清了个大概。马队把屯子包围起来，骑兵一进屯，后方枪响，忙了慌了，在白旗堡菜窖里被俘了，郭请求见大帅，想着见了大帅还能留用啊。

回答他说，你甭见了，就地枪毙了，结束了。郭鬼子反奉一段，南北更乱了，东西也不太平！

1923 中华民国十二年俄共领袖列宁向孙中山介绍了毛泽东，第一次国共合作时期，取得了孙中山的"联俄联共容共"。毛真的卖力实干，孙中山赞扬说，你们共产党人真能干哪，骗取了信任，结交上仇敌，以后再谈！

郭鬼子反奉，结束冯玉祥反直正在扩大！

郭歇兵被俘 三臻下河南

吴佩孚南下，南有五省联军孙传芳直鲁诸玉璞张宗昌还有舍川救吴的杨森等，兵力雄厚，再整旗鼓一齐北上。奉军方面平定了郭松龄，整顿人马一路无阻进入山海关抵天津在滦州给姜登选修庙，三臻下河南，米振彪带领毅军配合三臻所谓三臻就是荣珍于臻赵荣真等三人。奉军和冯玉祥在南口激战，被战场在多伦，冯和阎锡山联合奉派汤禹林十二军驻热河第九军高伟岳察哈尔，大军南下，傅作义阎锡山派孤守涿州九十九天，弹尽粮绝吃酒糖都中了，当大总统迷了，熊飞（号正平）率领二百骑兵，击溃河南五省联军，孙传芳部南至上海北至多伦，华北平原都属张作霖所有。

南口正在两军相持不下之际，多伦狼尾巴山奉军炮兵射入冯军炮口内，这一炮解决了战斗。闻冯军败退雁门关，晋北十三县也退让，南口也退了，涿州也降了，张作霖声势大振，进位大元帅？大赦天下一切罪犯盘山县抓一名胡匪上午因下雨未送，下午送时来了赦令就放了（时也，运也，命也）

烟酒要上税，北伐又清党

1925 中华民国十四年，李景林在天津立烟酒税。秋后他也逃跑了，军容不整，混乱之极。大总统谁也没当上。毛泽东得空了，孙中山列宁都逝世了，交上仇敖。仇敖是中央的中学校长，给毛贼打掩护，资助资金，以后也是被毛泽东气恼而死，此是后话，暂且不提。

1926 中华民国十五年，广州誓师北伐，国共合兵六七万人，编为六个军，一到五，三三制，一个军三个师，一个师三个团没有旅，第六军编为十二军，剩下的空头，等收降填补。有的人恐惧说，就凭这六七万补充困难的兵去打补充容易的上百万的敌人，够呛！真打起来，不到几个月，打到南京武汉一带，呦呵，毛泽东看好了，这些散乱军阀不堪一击啊，再打下去，扫平军阀就没有我的了。都成他的了，抓紧时间赶紧叛变。蒋介石察觉到这一点，停止前进。清党是杀共产党人。毛也警觉呀，早有准备的逃匿远方了。搜捕他何其容易的，也杀了不少，但没能杀着他，杀的都是些替死鬼，清党完后继续前进北征。朱周南昌叛变。

北伐功将成，张作霖被害

1927 中华民国十六年，北伐军顾前不顾后之际，毛策动朱德周恩来等人在南昌叛变，称建军，八一，又称起义！北伐军进抵黄河中下游，山东省张宗昌收容了俄罗斯人，被列宁逼死逃亡来的男女数万人充当兵役。列宁斯大林做贼成就后把地主富农富商等人及其全家大人小孩等一律全部杀死，逃至邻近各国的都有，以中国为最多。山东张宗昌收容当兵，张有三不知，不知道自己有多少枪，不知道自己有多少兵，不知道自己有多少老婆！他的义父是乐工。做生日，一个县长送去二百银元祝寿礼，帐房的人嫌少，说，日，二百块钱，还写笔账！

1928　中华民国十七年二三月，我在山西省大同府，有人说山东省泰安失守了，三天还不回来呀咱们就退却。果然三天没过，起早集合，前进到十里堡，

住两天往回走，经大同，阳高宣化怀来等地，一直进南口，出古北口到滦平县停止，较比冯玉祥退得更远。张宗昌的毛子兵退到冀东缴械完事！

张作霖的参谋长常荫怀会同兵工厂杨雨廷策应日本炸死张作霖，他当大元帅，在南满奉西铁路交叉处皇姑屯附近埋设地雷，张作霖的专车由北京开到皇姑屯时，吴大舌头说，喔喔老弟下车，坐汽车走。张说，不要紧，剩这么远，就到家了。来到家还怕啥。哎，就在这么远地，家门旁边，出乱子。

出皇姑屯不远处，是两路交叉桥洞，南满走上，京泰走下，机车走出桥洞，地雷响了，正好炸着张和吴的座车。电子雷管看准对火，车厢都炸没了，人还能有吗？

这个时候不管是谁，一齐抬进大帅府，遂即传出号令说，大帅的命令，戒严，一律禁止行人。讲武堂和卫生队，武装备战，炮兵向日本兵营车站瞄准，待命开炮。喂呀

满街都是大令，纠察队，警察等，命令不断地传示，这下子真把日本和常，杨等给唬住了，谁也摸不着真实情况，也不敢进帅府，问不着真信，帅府挂着免进，免见牌，往哪去探消息呀？常荫怀杨雨廷两人愁肠万千。谁到帅府给大帅请安就有大帅的命令备战。大帅休息，免见。大帅伤不重，精神很好，命令南满警惕，时时备战等语，是谁也摸不着真实底细。

北伐大军攻抵山海关，关里关外两军处于互不进攻。蒋中正端午节进入北京就有人说，哎哟，刘伯温制造北京时早就修好了，蒋中正端午北上，这不是吗？

五太太巧计，安稳定局面

三门一胡同，是指蒋家胡同，中正门，端午门和北尚门等。蒋介石也估计呀，如果再逼迫张派，势必引起张作霖依靠外援，引起日俄来援，就不好办了，暂且停止进攻，待机。奉天混乱一阵子，常，杨和日本都摸不着实底呀。逐渐地安定下来，热河方面和山海关方面都互不进攻，都太平没事了。

奉天从地雷爆炸以后，就没有帅令，一切的戒严，备战，免见等等大帅命令都是五太太假传命令，像曹操挟天子令诸侯似的，都不知道大帅真假实在情况。把日本常荫怀真成个常隐藏在娘怀里一样了，杨雨廷等唬住这么长时间，这回揭露真相？

平安无事了，五太太传令说，大帅召集将领开会还是大帅的命令。召集开会，众将领都兴奋一时啊。有四五个月没见大帅面了。见了大帅，表表功，领点赏啊什么的，都来参加开会，连常，杨也都来了，都在议厅上等待大帅啊，有人说，来了。

出现的人是五太太，进厅向大家敬礼道歉说，看大帅懒了，就是今天开这个会，说吧，本应该是他自己亲自前来和大家见面，这么长的时间了，可他非交我来替他代表，我又恐怕代表不好，因此争执了这么半天，有劳大家久等，这太对不起众位了，大伙都说，没啥了。都问候大帅安好？答说，精神很好，就是懒了，年纪也大了，不像以前似的，火燎毛子，说干就干，可这话又说回来了，假设大帅有个三长两短的，咱们这个难了，谁来承担呢？

大伙一听，哎哟，这可是个问题。预先又没有做准备，有心当大帅的也不敢当着众人面前说出来，要是有毛泽东在内，他就能说，五太太您甭为难，到时候我当！

这下子难住了，谁也不出声，可是五太太还是不住的说，都说三个臭皮匠还有个诸葛亮，咱们这些人还赶不上三个，五个臭皮匠吗？可是真的，这里头真有诸葛亮，有的人在想啊？我有资格，论年龄战功，资深，历史等都比他们强，没人给我提，自己怎么能够说呢？也有人在想啊，这一个大帅，就算有三个五个的，也到不了我的名下头上啊？

干脆我叫他们，谁也落不着，我送礼！闷了一会，五太太那里还在说，大家想个办法呀。以后大帅真有给长短的，可怎么办呢？有人说，报告，我倒想给办法来，可不知行不行？如果不行的话，谁有高招再另说，众人都说，你说出来听听，这人说，我是这样想的，假若是大帅真有什么不幸的时候，他还有儿子呀，就叫他儿子接职，子袭父职，有什么不可呢？行否，大伙裁定。这下子定局了。众人听完，有不同意的也随和了，异口同声的说，好，行，太好了。虽然这么都说好，太好了，旗帜也有人说不好的，只不过是在心里没说出来，常杨二人能说好吗？他们设计谋害大帅为了啥呀？

这会五太太不相方 XX 是的，那么说了，大家都说的很好，能心口相应吗？众人都说心口一致，决定没有三心二意的，还是和跟大帅一样尽心尽忠，绝没差错。五太太说，那太好了，喊声，学良啊！张学良早在屏风后等候多时了，闻唤应声即到。太太说，谢谢你，叔叔大爷们，张学良一人不剩的都磕了头，送了礼。众人都说，今天这个事太好了，大帅就有个什么不幸的话，有发号施令的接班人了，拉桌椅排酒宴，一片欢腾。

五太太哇的一声哭了，众人都莫名其妙啊。问说，五嫂啊，您看今天这些事，有多么顺利啊，您理应当欢喜才是呀。怎么反倒悲伤呢？五太太哭了半天，才说出话来，说大帅~~死了。哎咳，都问，什么时候？太太说，就是那天，炮一响，大帅就尸骨无存了，别人都不觉怎样，唯独常杨二人，嗬，真他妈的糟糕，叫这么个臭娘们给骗了，慢慢地再说：

有的人还赞扬，五太太真行，陈平在世也不过如此呗。大帅已经是死了，挂孝办丧，通知全军全民一律挂孝！东北三省的军民人等，挂孝举哀，杨雨廷常荫怀二人更加苦闷，就凭咱俩，都没干过一个浪娘们啊，还有啥脸，常说，别急别急，慢慢想法？

要说起五太太来呀，真是宽胸大度才貌兼全，有容人之量，到医院慰劳负伤的官兵时，都是亲到床前慰问看视，亲手递给慰劳金和慰问品等，有一次到医院慰问时，小青年的抱住她哭喊，五太太啊，她丝毫不怒，安慰说，小孩别哭别哭，好好地安心休养，好好地干，照比五太太强的有的是，轻轻的安放在床上，走去，从此以后，再不床前亲手送什么了，如果是江青，岂能如此呀申公豹（毛泽东）更会给名誉奖！英雄模范功臣等好名堂，想看东西吗？啥也没有，再不就是奖状，一张废纸！

张学良报仇　全国统一始

张大元帅被害，暂时统一安定的气氛，申公豹岂能相容啊，干什么来的呀，干完了就死！

再说，张学良，他的名字是学张良，号汉卿，张良是西汉高祖三杰之一的人物，他没学张良，却学了孙膑，接了帅位不久，疯魔，言语颠倒，时而哭笑无常，喝酒跳舞打牌等不正常的娱乐参杂其间，不理政事，常荫怀杨雨廷闻讯乐极了，说，小子闹吧，你也没大闹头，叫你跟你爹去，真实情况还是摸不透，也正在苦闷愁烦之际，忽然来报说，少帅有请打牌。常杨二人闻报说，好，就这——好哇，要命了，二人应请同往啊！

　　见面时张学良仍是目光斜直，气色不正，二人一见都喜乐非常啊，暗说，这小子也快要死了，铺开桌椅安放牌场，打到午夜之间，张学良忽然起来离位，旁边站的人开枪砰砰两响，常杨二人倒地，毙命死后，张学良立即好转，疯魔病也好了，不疯了，下令抬出去赏一万银大洋送给常老太太，送一万银元给杨老太太，说他二人阻碍统一犯罪，以后给与照顾。

　　除掉常荫怀杨雨廷二人以后，张学良真的学张良了。精兵简政，布置对付日本，五色国旗换上青天白日满地红国旗，全国宣告统一。这些措施是否是五太太的计划不得而知，可惜的是不知五太太的芳名，只知道是五太太。

统一大局定，太平日即到

　　张学良在东北实施经济战略，对日本用铁路网包围。南满路分两段，大连到沈阳（奉天）一段由营口经田庄台大 WA 盘山县胡家窝铺到沟帮子和北富路相接，由营口买沈阳票贰元，由沟帮子买奉天票贰元二角，比营口近五站地，多花二角钱，坐日本车三元二金票，中国银元他们不要。票房子门前有卖金票的，故意抬高金票价格，这样一来呀，从大连去奉天从奉天去大连的人们都分段买票。从沈阳到长春（头道沟），长春是二道沟，南满北段，南端是大连到头道沟，沈阳到长春，分三段包围，奉海段由奉天到海龙，今改为海河口，由海龙到吉杭，再就是吉长段，同沈大路段一样，客票货运都贱得多，他那金票和银元对比，不是直项直最高时期，达到一元金票比银元三元二。钱的差距甚大。坐车受限制。在车上还得买枕垫，一趟路费相差五六倍。

　　沈阳的工业品纺织品卫生用品化妆用品等都由军人加工，税务轻工资轻就降低了成本，可以廉价出卖。日本生产的白酱油也能生产，整得日本叫苦连天，无法可想！向张学良讨债，说，你父亲老帅，借我们日本的款项多少，枪支弹药多少，父债子还哪。张少帅说，这些账你们都不能要了，你们把他炸死了，还怎么要，打算和他要账，别害他，和他要。日领事说：给我们抚顺煤矿，鞍山铁矿，什么什么地方等等，少帅说，那些地方，我更做主不了的。这些事情你们和我说无效，向我们的政府说去，我寸权无有呀。说啥也不能算数。

日本领事找机会想办法将少帅劫持到领事馆里，逼他签字，少帅不签，领事说：你不签字我交代不了哇。少帅说，我怎么交代，中国四万万同胞，我就签了字，也满足不了你们的侵略野心。日领事说，你不签字，我不能轻易的放你回家，咣咣朗朗门被踢开了，呼啦进来几个持手枪的武士，枪口都指着日领事的头，呼喊着别动，动一动要了你的命！

少帅坦然自如的说，可以走了吧？日领事张口结舌的，不出声形如木鸡，少帅随同卫士们走出使馆安然回来。这几个卫士发现丢失了少帅，直奔领事馆而来。少帅果真在此！现在大江以北形势安定。应该安定了，自清朝乱这么多年了，西南仍在乱。

申公豹起乱，苏俄占东北

西南江西一带地方，一些穷小子们也象工人闹事似的，没有满足。答应了这些，还要那些。京汉路的工人，要求增加工资。增了工资，又要分红，分红要四六分，也答应四六分了，又问谁四谁六，答说，资方六劳方四，那不行，得是资方四，劳方六终得行呢。真他妈的！你们还有够没有。不给不干，罢工罢工不干了。不干了好，都甭干了。我们再另外招工。是你们罢工的人，一概不要。他们巧计混进去，又鼓励罢工。这回是 1925，中华民国十四年五月四日，被枪杀不少，称五四惨案。自找的吗！俺那村李还有一个姓王的呢。孙中山说，中国不适应共产，中国只有职业的区别，并没有阶级的对立，都是多工种的人，家里还有一点土地，失此就彼，都不能失业，就没有饭吃，因此制定三个时期，军政，训政，宪政。用三民主义平均地权，节制资本，慢慢的实行贫富的差别，土地由自行报价。报价多了，按价抽税，报价少的国家按价收买，分给没地的。这样一来啊，他不敢报多，也不敢报少，报多了怕收税，报少又怕收土地，必须得按照公值报价。

毛泽东申公豹，是来制造灾难，创办混乱的。哪能叫你平安无事的渡过去，过清平日子呢？自 1927，中华民国十六年到 1936，即中华民国二十五年双十二事件止，他们称作是十年内战，实际是到处制造恐怖，混杀好人，凡是好人老实人都说成是恶霸地主土豪等剥削阶级。他们在江西建立赤化区，称苏维埃红区。匪军称红军，中国人认苏联作为父亲，是吧？中国人都说，大鼻子，是傻毛子。毛子是真傻吗？可天也作怪，从民国十年到十五年，天上彗星屡次出现，人们都说是贼星，怎么这几年没有贼星了呢？贼都出来了，就没有贼星了。

1929，中华民国十八年，毛泽东唆使斯大林老贼侵占东北，江东六十四屯。把中国六十四屯的民众，大人小孩全推到江里，淹死了。无援同江实锦，直到佳木斯，民众的车船牲畜农作物等等全部被抢光，黑龙江省将军胡玉昆韩广地奋勇抵抗，以后都中毒身亡。他们的历史课本，说是到建国前夕终止，这不是建国前夕的事情吗。他闭口不言，一字不提，是什么理由？这是，子不言，父之过的礼节。我来参加抗俄的时候，年仅十八虚岁，在依兰一带。1930 中华民国十九年，蒋中正江西剿共不下全力，致使泛滥成灾，斯大林侵占江东六十四屯，发个小财。

1931 中华民国二十年初，毛泽东串通庞冯联合反蒋，以石友山和张学成为前部，出你只管由石家庄南北分攻。南攻到郑州，北攻到保定，东北边防总司令少帅张学良出兵，阻击北进之敌，北进的张学成部溃逃东海岸的敌兵，郑州的敌军石友山部都退回山西，继后部队傅作义迟迟不进。等他出了娘子关时，南北两路军也退了回来，集结到石家庄以西地带。追兵随后赶来，着急过河，正在半渡时，河水猛涨，冲去大半，淹没甚众。

副作用的增援部队也赶到了，剩下点残余，河西的，傅作义全部收去了。河东的，也被东北军缴去了。石友山张学成都逃走了。张学成是张作霖的次子，绰号二埋汰，逃到他母亲膝下隐蔽起来，再发动以前，对部下讲话说，谁不公开打倒他，我哥不公开也打倒他。真打球了。自己被打倒了。最后被枪毙，此是后话，暂且不说原因。

石友山逃往日本，唆使日本侵占东北，引起九一八沈阳事变。日本侵华蓄意很久了，不是暂时不是一触即发的事情。他们教育小孩都是以侵略中国作为教材，什么好吃的好玩的东西都是中国所产的，中国是他们的地区，问他长大要不要中国，得说是要中国，才能给他吃给他玩。日本侵华也分派别。一派主张蚕食，另一派主张鲸吞，说蚕食太慢，一口吞下去，有多么痛快呢！还有的人说呀，中国是炸弹，日本是个人，吃也好吃，吞也好吞，炸弹一响，人就完蛋！石友山到日本结识了本庄范，是鲸吞派，说我们在中国布成了一条东西防线，从山东河北到山西，这条线能够阻止，国民政府支援东北可唾手而得，伸手拿来呀。石友山也难免，猪圈里被杀之祸，此是后话，暂且不言。

本庄范鲸吞派，设谋侵东北，先由朝鲜红顶山发起，主使朝鲜人狂杀华人。中国方面抗议无效，情知侵华要扩大，中央命令少帅将东北军用物资运往北平，保守华北，放弃东北，兵工厂里面的枪支弹药和沟帮子弹药库的都运到北平来，东北只剩下给空壳。

张大元帅在世时扶乱扶下来，四句乱语，是好占的沈阳，难打的洛阳，死在中央，回不去东洋。都意识到，是日本侵华的"暗语"果真要实现？

9.18 夜，日本 120 名士兵占领沈阳和营口全城，没发一枪，没伤一兵一卒，占领沈阳。好占的沈阳，那一句话实现了。这时鲸吞派扬眉吐气地说，要早依着我干，早行啦。我二十岁住盘山县铁路边，每天早晨有从沟帮子开来的客车通过。去营口，这天没有客车通过。人们起疑，说，怎么今天没车呀。下午开来一列铁甲炮车去营口方向。时间不长又退回沟帮子方向去了。晚间点名时，连长讲话说，日本占了沈阳，若来的时候吗，有命令不许打，要枪给他枪，要马给他马。大伙议论，他要命呢？连长又说，不许打，那我们可以躲，我们会走，不打就走，不走就打。几天以后开来火车，在车上住了很久。开到沟帮子，那些黄头发蓝眼睛的国联调查团多次到沈阳营口调查，也没说出给啥来。经过长江时说，山河美哉，经过山海关时说，美哉山河。意思是说，这样的好山好水自己不能治理，依靠我们有啥用啊。也有些同情日本的，象俄罗斯大鼻子，是最同情的了。想趁火打劫，从中渔利啊。日本也意识到，中俄在江西奋战，虽不是直接的，申公豹组织的苏维埃红区，红军，胜于苏俄啊。这些匪徒到处乱抢乱夺的，民不得安，国不得宁，国联更是无能，就长驱大进，南北分攻，我们在沟帮子住一段时间，有一列兵车骑兵，由锦州方向来，往大虎山方向去。第二天回来了，是夜袭张学成的，二埋汰这回埋汰了。

熊飞来时，少帅暗暗的说，别带回来，就地撂在那里。熊飞依令而行，就地枪毙了，回去交令说，当时阵亡了。他母亲向少帅要人，少帅说阵亡了。老太太问谁去的，叫他来。少帅说，他没敢回来，跑了。叫熊飞改了个名字，改为正平。结束了。张学成一殁，害人者，也必自害。怎么毛泽东害了那么多人，还不死呢，别着急，时候不到，到时自死！

　　1931 年 12 月 331 日，下午奉命，由沟帮子开赴盘山县，东北边防陆军第十九旅 654 团一营营长李率本营四个连，配属重机枪两挺，排长刘，迫击炮两门，排长耿，平射炮两门，到达后，火车退走。第二天是 1932 年元旦，清晨老百姓都慌乱不定，只有饭馆营业，其他店铺都没开板。吃了饭也没人收钱。看情形不安宁，赶快回队。一架飞机侦察，投弹九枚。大沟车站打来电话说，有步骑炮联合之敌一千余名，六点从这经过，往你们那里去了。大约快到了，或打或走，早做准备。营长下令进入阵地，迫击炮和步兵都进入阵地了，是沿河岸早修筑好的，机枪平射炮还没有进阵地，后方来一列铁甲车，隐蔽在水塔北面。多架敌机天空扫射，我军隐蔽不动，铁路东侧骑兵二百余名，西侧步兵密集队形一千多人，骑兵步兵都不前不后的，齐头并进。步兵大背着枪，走到冰上滑倒，劈里啪啦，嘻嘻哈哈，相互搀扶，还以为是沈阳营口似的，不发一枪就到手了。耿排长看出便宜，迫击炮堂当一炮，这下子开锅了，轻机枪步枪都响了。他们骑兵步兵都在冰上，站也站不稳，跑也跑不动，大皮鞋溜滑，只有挨打，不能还手。迫击炮炮弹太少了，只有六十发，打完了就被敌人的炮弹击中了炮阵地，排长以下二十八名阵亡，炮也被击毁，其他步兵无伤亡。机枪排一名士兵负伤，是杜文祥，迁安县人。铁甲车炮战，被敌机炸断铁路，抢修后逃去。盘山县一战到此结束。

　　我们退到沟帮子，是啥都没有了。只有车站上的点的。营长李德才率领全部进入广灵大山北镇县境内，行抵义县六区，刘龙台被胡匪三省九侠伸手拿等匪首会同缴械，部队三名了，我领何正，焦玉零，陈亮，冯学渊，郭家增等，进入九门口，有绥中县逃来的，警察队，还有辽宁省警务处骑兵总队的，骑兵没有马。春节前北戴河上车，开往张家口领马，只是东北日寇作乱吗？不能！

蒋中正愁苦，毛泽东颜开

1932 年，中华民国二十年 1.28 日，日寇攻吴淞，蒋中正问，申公豹说，日本侵占了东北，又来攻我吴淞，咱们怎么办，毛泽东说，你去抗日，我绝不妥协。好！撤回围剿部队，中途毛截拆浙赣路，截去一部分回军，十九路军蔡廷锴率领中央军人马补充上，四个步兵师展开激战。战后申公豹毛泽东策动蔡廷锴叛变革命，拐去四个师投敌。日寇攻取山海关又没有得逞，日寇南攻一下午不行，北攻也不行。中央任命马占山为黑龙江省主席，还有义勇军司令丁超，李杜，小白龙等，和爱国民众群起抗日。我在察哈尔省领了马，加入骑兵专科集训，毕业后回队。秋天，吉鸿昌孙殿英到张北县校阅。他们组织抗日同盟军，也是毛泽东的一伙，两英抱一鸡，鸡是吉鸿昌，两英是王英、孙殿英。这时候比北伐以前更乱。东北有日寇，时南时北地乱扰，北有抗日同盟，江西有赤俄同类，装狗，比军阀割据还乱，山东匪首刘贵堂率部沿冀晋边界北进，河南部队人马坐火车都没追上，出南口，袭破延庆县，打死县长，察哈尔省主席下令命骑兵独立第二旅进剿，解决不了此匪不许回防。在龙关赤城地带把匪打散，逃往热河，降日，以后进攻多伦，此是后话。

不只是日寇南侵北占扰乱不息啊，江西瑞金更为战乱之甚。凡是有饭吃，有衣穿的人家，不是乞讨户，都被说成是恶霸，是地主富农等，都是剥削阶级，抓来枪毙，跪在一起，排列成一行，他们持枪，一人对着一个，一起开枪，同时打死。毛泽东老贼见状哈哈大笑，说这些坏蛋都被咱们处死了，胜利之花有多么香美呀，胜利果实多么香甜哪。可有一节，没抓到的都跑了。还有他们的后台，蒋介石匪党，纠合起来，回来报复，那咱们怎么办？打！光打还不行，得是巩固团结，召开诉苦大会。这些穷小子们哪，哪里来的那么多眼泪，毛泽东申公豹，他是曹刘之术具备呀。曹操黑心狠，刘备厚脸皮，但没有曹刘之实意，奸诈过分！曹操杀吕伯奢一家，董，一家，伏完一家，孔融一家，伏后母子等，刘备依曹操，依袁绍，依吕布，依刘表，依刘璋等，毛泽东只是两次国共合作呗，都叛变，杀人七千余万，我这种才杀了几个人呢！杀够了数，自然就死了。黄巢杀人八百万都没错死的，杀的都是该死的，申公豹说，蒋介石杀他的人，二百万不都是害人的贼吗？有什么可惜呢？

申公豹到处制造混乱，炮制恐怖，利用。利用不了你就迫使，一团奸笑欺人。三大纪律都是财物归公，不许私留一点，日寇南北进攻，这使他多么兴奋鼓舞啊！

蔡廷锴叛变在福建，建立伪政府，不久，被卫立煌率兵消灭，蔡所坐的汽车都被打碎了，吉鸿昌被枪毙，孙殿英去青海省接主席，沿途被消灭，王英被招安。这使他沮丧和苦恼。

1933 年中华民国二十二年，刘桂堂率部攻取多伦，申公豹组织的抗日同盟军闻讯不战自退，也象沈阳似的，空城计了，人家还怕吗？刘桂堂说，他们一枪都没打就走了，我们不进占，怎么交代呢？他们在多伦没打，来追，我们来了，敢打我们。幸亏团长消息灵通，得信马上吹集合号令，自己带头先跑了，我们也没找着集合场地，就跟上跑了，也不知啥事，从延庆到怀来县，几十里地一跑就到了。有人说，好他妈的危险，我还问，危险啥，他说，抗日同盟军缴咱们械，我问同盟军和谁同盟，他说，就是去年秋天去张北校阅的那个吗。我们在怀来县没住三天，又吹集合号。嗬，他妈的这回机警了，拉马拿枪，出门上马，马上加鞭，乒乒乓乓，直奔康庄大道而来，进了南口八达岭，放下心了。哎呦，好小子，他妈的直追呀，以后把他枪毙了，还说他就义，结束了他！

夜晚冷，第二天端午节，清晨更冷。上山北看，大山上都白了，下了大雪，那些小子们，可能在屋里不敢出来，我们住的是店，泡了一大锅黄米包粽子吃。

插一笔，吉鸿昌出身寒苦，当过军长，喝兵血，扣押军饷，这都是军阀惯例，积财甚富，在天津法租界有房宅，银行有存款，上万元资助申公豹，为匪作恶，也闹的自食其果，被捕后临死前嘱其妻，不必营救，也不必厚葬，情知罪在不赦，营救厚葬都无用。有个律师说，您把法租界那张房契给我，我可以替你丈夫出庭辩护，其妻不答，这也是抱着元宝跳井，舍命不舍财吧？！

马占山黑龙江省主席哈尔滨江桥抗日，市民劝主席以爱民为本，容市民迎降。马占山与日寇激战终日，敌兵陆空步骑炮联合进攻，马主席亲率爱国将士，英勇善战，与敌搏斗，歼敌甚众。黄昏后，应市民请求退出哈市，以后入俄境内，缴械返回中国。斯大林老贼给中国的帮助就是这样的。1934 年在家乡族侄刘和轩讲他在马主席身旁，目睹以后申公豹收认为共产党人。

1933，中华民国二十二年初，日寇攻占多伦后，攻热河攻长城，六二八团三营长赵雷不修工事降日以后成为冀东保安队喜峰口竭冷口一带，宋哲元部大刀片，杀得敌人头痛，对宋讲和说，你们不使用大刀，日本就不使用飞机。可见宋部队的大刀敌人惧怕之甚矣！宋哲元答应说，好，撤去大刀。早在平津预备好月牙板斧，梁山李逵使用的兵器，交回大刀。清晨，拉刀的车走了，士兵都说，咱们没有刀，还指望着什么呢？下午送刀的车回来，拉回来月牙式的板斧。嗬，这时，欢腾一片。咱们的六合刀，改为了六合斧，试一试，看看怎么样？好，比刀还好使呢，以刀换斧，是一样的！

　　日寇贼兵都在脖子上套一个胶皮圈套，用来防备挨斧头，攻北不成，又攻淞沪上海，也是攻不胜，最后调来大将百川。攻下上海，在开庆祝大会时，朝鲜人良心投入会场一枚炸弹，没响，随后又来一个小的。大的没响，小的响了也行啊！当场炸死百川。侵华的下场，良心当即声扬，我本华人，热爱祖国，联合国保护起来，不容杀害。

　　刺杀伊藤博文的安东根，也是朝鲜人。在旅大沈阳一带没敢动手，怕给中国惹事。哈尔滨是俄境，击毙伊藤后，还上前去看了看，是真死无疑。丢枪拍手大笑，说，除掉一大害，朝鲜何多义士，我不如也！惭愧！

　　热河长城一带，有郑桂林，绰号"天狗"，还有冯占海，55军和方振武等部，他们都是自由团体。日寇在热河筑有临时飞机场，停机十八架。夜晚他们联合袭击机场，将飞机全部烧掉。人们闻讯说，天狗吃月亮，也吃日头哇。这是说月食日食现象。

　　我们骑兵独立旅人员不多，逃出抗日同盟军的包围圈来，在南口怀柔延庆怀来永宁四海等地，哪里吃紧就到哪里支援，在那片来回地走了十多趟。那里老百姓都说，黄旅长有多少兵啊，怎么这一片里都是他的兵啊，实际上就只有两个团，也不过就是两千多人。

　　有一天正在行军途中我说，有飞机来，他们都不相信。时间不长，飞机来了，喔唧一个炸弹丢下来，通信排二十多匹马被炸倒了，人也完了。我在悬崖上下不去，飞机转过来又一个炸弹扔在身后，马也急了，跳下去向附近的枣树林跑去。枣树还没有发芽，我们惊恐万状，怕飞机再回来轰炸。以后我说有飞机，他们都直愣愣的，看看指给他们看着怀柔密云就是古渔阳地区。

　　夏天到西陵良栋一带放马修养，中共党羽窜入军中宣传，士兵暴动，农民分地等。常仁德叫我参加，我参加后入党。梁栋问我家乡有多少土地，我答说四十余亩。他说，还能分点。
我想啊，分谁的去呢，俺那个村里，除东药铺，西药铺，再没
有有比我家地更多的了。常仁德还很爱共产党，多次和我讲
解道理，做法政策等，比如以后用不着钱，干什么都用票。他
发动了几个小子，姚东叶，还有一个，两人把二四排长打伤，
抢枪逃跑了。我正在九一八中学上学，还有平津招来的学生，
教员郭佐天他是满清贵族，官衔是正二品，有民主气概，做
了一篇聚散论的文章，以后我发挥了，还挺叫响的呢。这时
南北都平定下来。

剿共蒋中正不下全力，总是想利用共匪消灭异己的势力，
由此的相逼驱逐。这样呢更使匪众到处撒种，穷小子们，官
迷财迷的人们都入其迷窍，被其所愚，统领的将帅也被腐蚀，
他们巧嘴会说，屡剿不利，越剿越多，以致养成了大患。

1934 中华民国二十三年初，这是紧要关头。日寇依租界
地做掩护，纠集天津市地痞流氓等作乱，河北省主席于学忠
将 113，114 两个步兵师都扮成警察队伍，陆军装备穿警察服
装，驻杨柳青，距天津三十里，夜来明去，还有宪兵第三团团
长蒋孝先帮助侦察，逮捕租界查实，跟入中国的，立即逮捕
准确无误。敌人来攻击时，放进东西路，两面楼上手榴弹投
向路面，炸完后楼下埋伏的人即刻冲出杀打砍，一阵乱打抓
等收拾干净利落退走。干了几次，日寇没办法，可想收买刺
客行刺于主席。这个刺客妥实保准刺了主席。是主席的卫士
副官两万银元。夜晚九点偷进入主席寝室，门后突然出现二
人，一边一个将住他双臂，问，你来干啥，缴枪被绑后主席也
起来了。他急忙跪倒祈求，主席说，起来可他哪敢起来呢。叫
你起来呢，有话说。把枪给他说，你到院子里打一枪就跑出
去，你们俩就喊，主席被刺了。果然他们依法炮制。润滑刺客
领了奖金两万银元。日寇想啊，这回行了。除去于学忠，没当
了。又进攻，结果还是不行。然后知道上当了。主席没死，钱

也白花了。以后在山东任总司令时，八路军行刺，在西安朱少良行刺也都没成，此是后话了。

江西剿匪部队屡剿不利，不下全力真剿，支援，送点弹药医药品，等自己部队滑了，匪部嚣张气焰旺盛了，日寇扰乱，他们就趁火打劫！

塘沽订协定，示下剿匪令

中央也看出来了，要安内必须先攘外，内安了再敌外患。于是约会日本，在塘沽协定中承认日本在东北成立满洲国，冀东八县自治，于学忠蒋孝先离开天津，东北军事委员会政治部主任张谋离开北平，天津不驻兵，满洲国包括热河在内，行了吧？行了，签字生效以后中共方面说，蒋介石卖国。黄浮喝着大香槟酒，在塘沽同日本协定条约。协定做妥，坚决剿共，又剿了一年，还是不胜，不但没少，反而更多了。大江以北，湖北大别山区也满是匪军了，这可怎么办。调张学良，任命为剿匪总司令全权指挥。

冯玉祥任副委员长时，胡宗南不听指挥，冯玉祥白天提着提灯走进蒋介石的办公室内想熄灭灯火。蒋介石问，白天你提灯干啥呢。冯说，你是不知道呀，外边黑暗的很呢！张学良这回乖了，先做给准备说，那行。行是行，得调我的队伍。你的队伍我指挥不了。蒋说，你愿意调哪个就调哪个，得是两年内湖北境内扫清剿清。好，得令！

真打起来，不到半年湖北全省扫除已清，直逼江西红区苏维埃阵营。他们愿意流血叫他们流血又不流了，夹起尾巴逃跑了，说什么长征。一路上大字标语，中国人不打中国人，你们是中国人吗？你们不是苏联红军吗？我们是打赤俄，占去江东六十四屯又来中国侵占！在北京西苑驻防时，冯恩溥说：中国不能亡于日，必亡于俄。亡国奴可以救亡，忘国奴就没法救了。你当了中国的亡国奴更没法救了。我还怀疑中国人还能当中国亡国奴吗？

东北军事委员会何应钦说，中国多会到空气公卖国？我们不能容忍。我们要打赤匪俄贼，抢劫中国，追到天水附近地区，又变更了方法。天水城门上写着"东北门"，这表示进了这个门，就能到东北了，他们去东北打日本，好妙的诡计啊。一路叫嚷你们的家被日本占去了，我们去给你要合理，那太好了，就怕是比日本还狠毒些。虎狼是隐藏不了本性的。他们装狗确实装地很像样，看见人就说，我是狗，给你们看家守户，狼在门外你们不打打我，有人看他就摇头摆尾，又是吠又是叫得殷勤，暗地设阴谋毒害你。

兵过天水，行抵甘肃兰州武山等地，已到困苦艰难境地，弹尽粮绝煮皮带吃草根，还三天两头吃不上什么。兵不满数千，将也逃亡一空。也许是像三国时的天不灭曹吧。来了铁嘴钢牙王铁汉团长赶着敌人贼途已尽哪，长驱直入，猛追狠打，进入敌人设下的包围圈内，全被俘虏，官兵不分，看不出哪个是官哪个是兵，逼迫说，谁是官，不说就把你们全部毙了。王铁汉真是铁汉，应声而出说，我是官，不要怎么他们。我是团长带着来的。那好，你来吧。毛泽东满面赔笑的，假惺惺地热情招待说，对不起，壮士受惊了。杀牛宰马，置宴设酒，极力吹嘘：我们不是不能打，是不和你们打。蒋介石大军多次来打，他占什么便宜去了。你们也寄人篱下，家都没有了，和你们打什么劲呢。这要是蒋介石可不能这样对待他了。阶下之囚何敢狂言呢。败兵之将，哪敢言勇啊。听听而已。申公豹最后表示愿降。国共再次合作。这样的合作岂能长久。王铁汉在奸贼申公豹那里，住几十天，受其愚弄已深，告辞回西安。申公豹送行说，你走就走吧，武器装备人员马匹全带着，一点不留。王团长更觉满足了。实际上申公豹更为满足，这回骗取了合作，将有大大的发展前途。

王铁汉往回走的路上斟酌，这次出征，胜败如何呀。怎么说呢，扯平。见了司令再说吧。张学良看他回来了，问怎么样，败仗被俘，这不是全回来了吗？全回来是全回来了，招降了他们。变招降了，他心中一动，想，他降了我，我可以举旗为号，借他之力。又问，有什么交待给你吗？有请您看看。张少帅看完之后想啊，他这个条件谁看也满意了。正合乎现状全民的愿望，什么条文慢慢再说。也和我的计划相符。他是什么计划，监旗立万。申公豹一生都是利用旁人。能够利用多少就利用多少。他还想利用申公豹，何其愚蠢也！这不是傻吗？下了决心都照样办，致电请蒋委员长来西安商讨剿匪计划。四川省主席杨虎城来西安共同商讨，杨主席先来了。看过请降条立即赞同，公布出去。西安市民学生工商界一致赞同拥护。满街的标语口号拥护张杨二位将军。

八大主张是什么呢？

1. 停止一切内战，能吗？
2. 释放全国政治犯，他放了你也不放
3. 枪口一致对外，都对外了，你还是对内
4. 各党各派团结起来，你和谁能团结呀
5. 共同联合阵线 你和谁能联合啊
6. 共同一致抗战。你借助日本还能抗战吗
7. 收回失去的土地？你大片的往外送，还说收回？
8. 打回老家去；谁的老家呀？你是想要，先说给人，好听呗。全国都要了，还不满足呢！猴子手里还能要出枣来，说得多么好听啊！

这几条，正合全国民意，所盼望的？上应天意，下顺民心？应不应天意，顺否民心，自己得利便是满足。早在西安布下罗网了。张学良被人利用了尚且不知道，还认为得意的好机会呢。下令洛阳那个炮兵旅长，某天某时向中央兵营开炮，

西安来兵支援你。开了炮，乱子就大了。1936 年中华民国二十五年，西安事变。公历 12.12 日以后称为双十二事变。中共称十年内战到此结束，委员长蒋中正乘专机到西安行营。12日清晨天还未明，忽然一阵枪响，情知有变，急起避出室外逃往机场，意图飞回南京，因情急避入一山洞内，有一兵搜到，协商送我到机场，同往南京，要钱要官都可。真送到南京，这个兵就有救驾之功啊。他没换装，出了山洞正遇少帅赶到。该兵变招，报告副司令，委员长叫我抓住了，一功二得啊。最后还是一功也没得着。蒋张同到行营，张拿出八大主张，请委员长答复。蒋委员长说，我个人在这里什么也不能答复，必须拿到南京议事会议了，否则听你自便。听你自便，那就是说，你要杀便杀我也不能答复，再说，去洛阳支援的兵车，出了潼关离洛阳不远了，听不见炮响。押车司令怀疑，下令停车，派人去侦探。回报说，没有动静。停止前进，回去，退回到西安，报称洛阳有变。该炮旅长叛变，没发动策应，张学良闻报，自称瞎眼不认人，迷梦初觉个瞎眼。你那眼，早就是瞎了，给敌人使用，送情报，送人去敌方。还亏是炮没响。若真响了，你的罪孽大如天呢。当大总统的迷梦被消除了，已成骑虎之势，难于下台阶了。你作恶多端。陈独秀在狱中可欢腾起来了，蹦高地叫喊：蒋秃，这回够你呛，政变没有不杀人的！可叹！可惜！这次政变没杀人，只是蒋孝先一人被杀，身中五十弹。张学良正在左右为难之际，宋美龄乘专机由南京飞来，见了少帅说，汉卿啊！哥俩照顾挺好的，怎么又不对付啦。把你大哥放出来，看嫂子面子吧。哎嗬，真好使。他就听了，真就放了。蒋中正，陈独秀多么沮丧呢。好好，放出来。看嫂子给面子。得是看到敌，我亲送大哥回去。真的三人同机回了南京。那个兵两边请功，哪一面也没请着。日本陈独秀也白高兴一阵。

这次政变的好，是好在洛阳那个炮兵旅长没打炮。若炮响了，哇，中国将比粥还乱。南京政府各党各派各树一帜，各立一号，互争互闹，没有休止。日本趁火打劫，各帝国主义者也来侵夺，中国就完蛋了。政变后平安统一的现象，出现了？只有少帅一人被拘，历史的经验不容忽视。李自成张献忠黄巢洪秀全宋江等等的，共产党叫嚣说，平等自由，只有巴枯宁说的是真话，说，一切的政权都是欺骗的！对，真的假的吧！有一个统一的象征，改革币制，施行法币，是我们抗日的第一大胜利！宋哲元，由察哈尔调任 河北省主席，是日本怕得头痛的主将，当时是一统团结气氛。

西安事变后，抗日战争前

委员长同夫人宋美龄和张少帅乘机到达南京机场时，南京政府各部首脑都在机场候迎领袖还都。委员长首先出舱现身，少帅随后宋夫人最后出现。各部首脑都手持手枪对少帅示威行凶案有领袖和夫人在侧，劝勉他们是异想天开的想法，是说，你在西安杀了他，我就可以称尊了，那不一定，常荫槐，杨宇霆害死张大帅，没坐上大帅的位置还不算，自己也被枪毙了。杨虎城被刺！朱少良谋刺于学忠未遂，其余各省都自行发行纸币。

中共接受编制为中国国民革命军第十八集团军，八路军总司令朱德任职，新四军为中国国民革命军新四军，叶挺任军长。共方由国民政府月支三十万元充军费，去延安的途中安心无虑了，也无惊扰之顾了，大为庆幸地利用上张汉卿学良少帅今后前途，大有发展了，划分地区，共方要艰苦地带，热，察东北地区，邻日俄都近。

日本看出中国形势大好，国共合作，太平一时无事，用不上两年必争东北。趁此时际，先发制胜，消灭国共两党，夺取中国，独霸亚洲，称雄世界在此一举而成啊。破国丧家，灭种之忧也在此一举之内了。

1937 中华民国二十六年六月下旬，申请中国华北军事委员会，他们进行军事野外实战演习，在北京南郊区，北不进城，南不过河，宛平境内卢沟桥头上有二十九军轻机枪两挺，步枪，手榴弹等。

坏塘沽协定，爆中日大战

七月七日，日本演习部队的一部分，骑兵约二百余骑突然冲向卢沟桥来，桥南哨兵急呼敌袭，全排慌忙进入桥头阵地，排长也在阵前指挥，这时已到桥头前沿，众呼排长怎么办，敌人骑兵先头已经到达桥上，就要冲过。情况紧急之际，敌到桥中间，后队也上了桥，说时迟那时快，就有冲过之势，士兵还在问排长怎么办，战士们都急迫焦急关头，不知道哪里来了一声"打！"这下子好了，机枪步枪手榴弹，一齐涌向桥头，桥上是枪声手榴弹爆炸声，人仰马翻撞地声，响成一片，也分不出什么声音出来了。几分钟过后，烟雾散尽清亮了，终于看清楚了，日本鬼子，人马都躺在桥上，还有没死透的，哼哼呀呀的，噔噔哒哒的，人们看者又是可怜又是可恨。他们的，好日子不在家过，这来送死，小子们，这回啊，老爷子跟你没完！

排长打电话报告，对报告营部请营长说话。营长在这说话，哎，营长吗？是，报告营长，我们排哨发生情况，没容得报告，处理了。怎么处理的？敌骑二百多猛向桥上冲来，情急之下我们打了。好，打了打了吧，多注意有变，随时报告。是，还有事情吗？没有！吧嗒，放下了。

当天下午，营长电话说，师长命令，你们仍要坚持阵地，注意情况变化，不要放松。是！

当兵的人多口杂，说什么的都有。有的人说，这回惹这么大的乱子，上级能否处分。这下子惹出话题来了，我日他娘，不处分就拉倒。处分咱们，我先不受，反正是他妈的惹了，惹就惹到底吧！我领你们上梁山和林冲学，逼上梁山，到那时候就不是现在这样了，得是衣冠楚楚的，望远镜，指南针高头大马卫士等等的，你上梁山，梁山在哪里呢？梁山在哪里呢，可不是水泊梁山，水浒寨这个梁山，现在就有统帅，马占山小白龙，丁超，李杜等等。他们占不那么全面，咱们去那儿分一片，和他立起同一的旗号？人多势众，团结就是力量，编出十几个几十个军，师团旅团来，排长还是排长啊，班长还是班长啊？司令，大元帅，我这个兵也得是旅长以上的官了。他妈的小日本，甭他妈的猖狂，鬼头鬼脑的，早晚都死在中国完事。张大元帅早给他们定下了，好占的沈阳，难打的洛阳，死在中央，回不去东洋，这回还想象沈阳。是的，那样便宜没有了。这就是他尽头之日了。

命令传全国，旗帜遍世界

第二天，七月八日早起，营长来电话问，情况有无变动。答：没有！好！师长奉国府命令，任何条件不许答复，不许接受。谁接受了谁负责，坚决抵抗，抗战到底，全国一致行动起来抗战命令遍及全国，人人奋勇个个争先，住在国外的侨胞也都摩拳擦掌，声称回国当兵，参加抗日。也有人说，打日本不用咱们回去，国内有的是人打，他们没有枪，没枪？那好办，咱们给他钱，买枪，买子弹，买飞机，凑钱。各国的华侨纷纷集会，选派代表拍电报，致政府，声援，物援，人力物力，大量支援。

上海一家日商公司，雇佣一位中国人担任炊事。这时候中日失和了，禁止他出门。此人在情急之下，他儿子去看望他，一见就急了，是乐极了，说，你来这里有人看见吗？没有。好极。这里存有八百架飞机零件，我写好的，拿上快去南京报告。事不宜迟，快走。他儿子拿着急速离去。幸好中方日方无一人看见。到南京报告，销毁日本八百架飞机。南京格纳库存八百架飞机，意大利人监修，中日战争爆发后，意大利撤回所有在华人员，派往日本一批人，助战侵华。派去的这批人中，有知道格纳库内详情的，南京格纳库也被炸毁，如此相抵了。北通州，今通县有日本人设立的军事学校，日人任教，中国学生，一天晚间，校内寂静无声，学生起疑，怎么教官都没有了。众人意识到不好，武装离校，不要远去，预备点名，没有事故吧？天亮回校，如有事故，咱们就冲入他们的住民区，见人就杀，甭管大人小孩，一个不留。对，就这么办。他们不打，咱们也不打。天亮回校。正在议论着，忽然集中炮火打入校舍，顿时房倒屋塌，火光冲天。人们齐声说，好，杀杀杀呀，冲入没抵抗力的日人住宅区，时间不长，杀个精光，好痛快。

冀东保安自治司令赵雷闻讯，国府有令，不许接受任何条件，打下去，打到最后胜利，中途没有任何谈判余地！赵雷这回可雷了，迅雷不及掩耳的行动，指挥冀东所属部队将全区所有日本人，男女老幼等一律杀光待命。

宋哲元将军，迟疑不定，还想着吃点亏，和平解决了。如果也像赵将军和通州学生一样那么干，一下子推出关去再打回来，又得一些时间。

日无理要求，一意在必战

　　日本要求的条件高，自己担负不起来。国府命令严，没办法，就拖延时间，给日本运兵，中国的客票车，都得给日本兵车让路。日本向世界大肆吹嘘，大吹大擂地说，他三个月灭中国。在武汉会师，各国都得承认，中国是日本的。战败亡国。土肥圆窜到济南，收买韩复渠，答应日本打到山东他不抵抗，不允许国府增援津浦线的部队由山东经过。他不参与日本打中国。他的三不条件土肥圆答应韩复渠的是，日本封他为一字并肩王，在日本所有的存款存物负责妥为保管，就这样一个交换条件签了合同。韩复渠混蛋之极，有钱存到敌国手里，三不做到了，负责保管也空了，并肩王位也空了，自己也被枪毙了事。

　　宋哲元迟疑不决，日本运兵布置完毕，不谈了，打这回，宋部队没有准备，吃亏，还幸好有一个师投敌日本知道，宋的部队的厉害，接受投降，给关饷，发子弹，其他部队趁机退出平津，到有利地带。日本还等降队进兵呢。降队一去不回了，又投降回来，在津西马场，独流，沧县展开激战。那年夏秋之间，连降大雨，数月不晴，日本鬼子兵在泥泞水中，坦克不能行动，飞机找不着目标，大炮失效，盲目乱打，昼不能进，夜不安宁，鬼子也没法了，折向西北！

　　进攻南口，五十七军刘汝明军长，放弃了南口，冯玉祥守南口时，奉军攻不开。刘汝明孬蛋，不战而逃，日本攻陷南口，张家口，直抵大同，沿着同蒲线南下，很快进入雁门关，阎锡山部溃败，日本军队乘胜紧追平型关一带。山川地带又值秋季，天然屏障自然伪装。八路军初战一试。黑夜雨天，分外更黑，盲目乱开枪暴露目标，日军声称的精锐王牌坂原坂谷两个师团全部被歼，呵呵，中国初次打了胜利，平型关战役，八路军干的，缴获枪支弹药军用物资大批堆积成堆如山。记者不敢走入采访，恐怕误入敌营。

毛泽东乐极，也怕极。心想日本也不堪一击呀，又想北伐似的，真正认真打，用不上三五年打完了，又没我的了。改订方针，以百分之五十抵制中央，以百分之三十对付日本，余下百分之二十自保扩充。这是 1938 年民国二十七年决定。国府月支三十万元照常拿着。他把中央严令一致抗战，不许接受任何条件，改称蒋介石在庐山上声称有意抗战净往他自己脸上擦粉，往旁人脸上抹黑。以后这样的事实有的是。

坂原师团瓦解后，回国重新装备，再整旗鼓。南进部队土肥圆被阻挡于沧县一带，同 29 军激战数月，伤亡甚众，中国方面伤亡也不少，在附近各县抽调壮丁，吴桥县八百名，我也报名应征，在城内住二十多天，又遣散不要了。南方来支援的部队，山东不让通过，由徐州绕道郑州到石家庄，再来沧县。四十九军刘多泉军长把二十九军换下去不到十天，退下来了。

我一个族侄刘和轩回来探亲，同他回部队驻青岛。日寇抵近济南，隔黄河向济南市里打了十八炮，都落到谁家，伤了几个人，打坏了什么，山东人都有详细记载，还有详细的民歌。

七七开始抗战，紧接着就是八一三日寇派来汉奸。虹桥飞机场声称调查我们的飞机车站，保安队向前阻拦，开枪打伤好汉一员，激愤其他众人，自卫抵抗。国府依法通知日领事调查一番。日领事口头说，咱们亲善，暗中调来人马开来江南。十一日形势危险，敌兵舰二十七艘泊在海湾，五千人登陆。十二日小规模接触，不算开战。大爆发是在八月十三日，虹江路，我军建功地点是天通庵前，最后掩护撤退的八百壮士谢副团长率领退回四行仓库，与敌周旋数日。有一个女学生游泳过苏州河，进四行昂克，见谢团长说，我给你们送点礼物来，倏一下子亮出来，是面鲜艳的国旗。大家不约而同地立正敬礼，将国旗升高在楼顶。日本鬼子看着他们的那膏药旗在低处特别可怜了，怒极，集结多人的密集队形，端起刺刀向仓库门口冲去，一看大门敞开着，更有冲劲了，即将夺门而入，有见到此形情的民众甚急，也不敢喊出来，煞那间一阵爆响，机枪步枪，手榴弹。日寇连续冲击几次无效，伤亡甚众。

我军壮士完成掩护任务，退过苏州河，进入公共租界，在守四行仓库时，无伤亡。

七七事件发生后，谈判期间，日本一心侵华，青岛济南的商民调回时，由领事带领在济南津浦线站台上候车时，众商民互相对视，眼含泪珠，互视不语意思是各自有说不出的苦衷啊。领事看出他们情绪低沉，想提高情绪，说，众位不必忧虑，中日两国有点摩擦，数天后就解决了，还可以回来，照常经营事业。这回，不约而同地哇呀一声痛哭起来。临行前中商友人送行，宴席上谈话说，你们回国就得入伍，我们也得当兵，咱们以后战场上见吧？日本有人说，不能！他们回去被征来，在北平遇上站岗，他问，你回济南吗，给我捎封信去交给某人，接过信，走出不远后强项，回头看时，是站岗的自杀了，可真的战场上也见不着了。

五十一军驻在青岛有原因。韩复渠和于学忠是亲家，别的军队不让进，和于学忠有连带关系，我们 114 师 342 旅 683 团通信连驻王埠庄。12 月中下旬，将青岛市日商十八个纺纱厂，内有一个华信纱厂，是中国的保留无损，其他十七个都炸毁，放火焚烧一空，烟囱炸塌。胶州过阳历年，新安镇上车开赴蚌埠，南京失陷后唐生智守南京，德国作家雷柏写了一部《南京的活地狱》一书，在世界上流传，描述日本的惨无人道，我看过多次。

日寇沿着津浦线北进，意想打通津浦线蚌埠河北固镇桥一带。中华民国二十七年正月十五前，我 683 团六连一夜之间攻克敌占的四个村镇。天亮还剩一个据点，是庙内有敌人，机枪数人，抵抗不退。他们也没法退。不管多少人，进去就垒死门，与阵地共存亡，死干净拉倒。增援军到，没过河北，隔岸炮火猛烈轰击，我们退走，他们也退走了，炮火是掩护退却。

我们到新马桥，有友军修筑工事，我们开往台儿庄，土肥圆没战，得了山东，韩复渠三不做到了，中央升他为军团长，三个师都编成军，在嵩山召开将领会议。他心里有鬼不敢去，问冯玉祥说，我去行吗。冯说，不要紧，有我呢。他带着一个卫队营到洛阳城外，自己进城到行营求见蒋委员长。传达室说，回私宅了，一会儿就回来。把他安排在接待室内坐等。进来两人和他谈话，问他山东敌我情况。他答复完后，有一人拿出个纸条说，山东全省民众，告你十条呢。1.强缴民枪，2.压制民众抗战，3.擅离应守要地，4 破坏统一抗战，等等。他越听越心凉，十条内任何一条都够枪毙了。想冯玉祥哪里去了。二人告辞起身走，他送到门里。二人回身道声请回，敬礼还礼之际，闪出持枪卫士，将韩复渠打死在门里。三不也做了，一字并肩王位也空了，存在日本的财产也完了，军团长职位也没了，洛阳枪毙了事。

土肥圆欺骗了韩复渠，巧取了山东，这又有峙谷坂原，新装备起的来援助，想一鼓作气的攻陷徐州，就可打通津浦线。峙谷坂原也想啊，他妈的山西，遇上天气地形不利，一直丧师辱国，这回开阔地带交通便利，陆海炮都能发挥威力，再打不了胜仗，趁早避回三岛，再也不露面了。

台儿庄会战，歼敌扬国威

1938 年，中华民国二十七年春初，峙谷坂原装备齐整，再次来华送命，这就不是王牌队伍了，而是亡牌军了。好，咱们试试看。土肥圆被阻碍在鹭腾一带，峙谷坂原沿着徐维路南进，又被阻临沂莒县，最终都聚到台儿庄。日军集结约十五六万人，我国军和民众由四面八方包围他们，这近台儿庄山东有三个军，曹福林等，二十六路孙连仲，池凤城等，庞炳勋，于学忠，沈洪烈，陆宗霖张宜庵等，共约一百二三十万。敌寇屡有增加，来者放进不放出，继续增至二十余万，结果全被消灭，无一生还。台儿庄东靠运河，西邻徐维路，街道窄长，短小胡同，三千多住民，城墙宽厚，在战役中无一家房屋幸存，城墙也被轰倒四个缺口，小的一百多米，大口三四百米。敌我两军庄内激战，隔墙隔房隔街对峙，迫击炮架在房后，向房前或者对街射击。有一次一个兵跳出去都是往枪眼里打，手被打伤也无知觉，拿出手榴弹拉开火，从枪眼里塞进去，被敌人推出来又推进去爆炸。他一人挨着枪眼塞手榴弹，收复了这个街道的阵地。向北推进到向城，蓝城店，邵庄，鹅鸭城一带地区。已到麦子出穗时间，一天晚间，我在前线通信所，三营长李靖视察阵地，前有一警卫，提枪前走，身后还有一人，喊叫营长营长。他是看见麦地里有敌人就喊。这时，忽然一声起来两人，一边一个架起营长就跑，前面的人仍在走，情急之下营长手提着枪也开不了火，后面人开枪，打倒一个，另外一个撒手跑了。营长到通信所打电话时，呼吸尚未平息，可见惊惧之甚。是夜敌人三次冲入蓝城店，九连与敌肉搏，被刺伤亡三十余名。天明查点敌弃尸百余具。一日三次敌炮猛轰，晨起太阳出到下午太阳没时，每次都是一小时左右，我们都隐蔽不动。

有一次师山炮连在敌炮火猛烈射击时都退入掩蔽部，留下一人看守炮阵地。该兵听敌炮音危险，急忙隐藏于炮下，敌弹也随之进入炮下，在他腹部之下入地。他心想完了，非死不可呀！结果炮弹没炸，幸甚！幸甚的事不止一次，也不止一人。黄德与，河南省永城人，683团长，面向敌方的南方，门向北开，在门里桌前打电话。炮弹落在门槛上，旁边还站着一个电话兵，看团长没动，他也站住了。团长还哼哼哈哈的说电话。炮弹滚到桌子下没炸，两人手捏两把汗。

有一天开饭时间，团长说电话，饭菜都摆在桌上，团长没来，别人也都没入座，一个兵看守，炮弹落在桌上，炸死了那个兵，打碎了桌子。又一次炮弹穿透了三道墙壁，墙倒了把他压在掩蔽部里，刨出来仍无恙。三大奇迹险脱过。说起来是迷信，实际上不是迷信，人不到死的时候不能死，到死的时候很容易。

我们到鹅鸭城，通信所保护线。这地方安全，敌炮不打，每天炮轰过后，问一下各所，是否通话正常。如有不通，赶忙查线。一次阎有忠，河北永定人，遇到一少妇随后跟来，在所外徘徊。阎问她，你饿了吧？她面红耳赤的答，嗯，三天没吃饭了，还有嫂嫂和小孩子们，都在那边麦地里呢。哎哟，您来吧。她还羞。连里几天吃不完的剩馒头，捡了半个布袋给你拿去吧。不大好，饿了就好吃了。你明天再来，叫孩子来也行啊。他们不敢来。你领他们来一趟就敢了。次日送饭的走后不远还看得见呢。她来还带着俩孩子，一男一女，都十来岁光景。呵，这俩孩子真好！今天不多，我们三人每人八个，分一半给你。她说，你们还够吗？不要紧，我们比你强，阎有忠秉性顽皮，逗孩子玩，说俩孩真好，认给我吧。俩孩挺机灵，趴地磕头。我说，说是说，笑是笑，你拿什么做见面礼呢。这个妇女还真有意思，说，什么也甭用，这有馒头比什么都强。大伙哈哈一笑，明天再来吧。次日俩孩来了。这天和送饭的多要了点，给俩孩拿回去。下午我们走了。这里沉寂两天三天的上午，敌人坦克八辆对阵前冲来。前哨发现报告，李靖营长胆虚，命令战防炮预备迎击。防炮排长问几辆。八辆。好，预备八枚炮弹，一弹一车足够。营长，您将步兵和机枪用于两翼，剿袭随行的步兵，又问了多远，六百米吧。营长下令打。不行，太远。营长急了，说你是汉奸，再不打毙了你。排长慢吞吞的打了一炮，虽中了没深入。该车发现有敌，回头逃跑了。其他车还继续前进。排长说，不能再打了，再打就都跑了。这回谁也不说话了，车进到二百米左右，下令预备炮弹。这时就一百米外了。连轰七炮。七辆坦克全部不动了。坦克完了。那些跟进的步兵就没主心骨了，还是背枪慢步前进呢。侧前方机枪步枪齐扫过来，慌了手脚，没处躲藏，乱作一团，死伤逃亡，也没还击，从此沉寂下了。一天早起，一声炮响，掩蔽部里睡觉的都被震醒了。原来是台儿庄车站上打了一炮，是苏俄的远程炮，一两个月没打一炮。他们说，打一炮中一炮，不中就是汉奸。今天打一炮，据哨兵说，前方有敌骑二十余，炮弹落在其中就不见了。

机械兵团的防毒面具，四川榨菜，饼干罐头盒子，应有尽有，领了又领。面具是意大利进口的，每个三十多银元。人们说，这是干啥，吃不完拿不了。那两个孩子也不来了。下晚，集合走。一夜之间走过台儿庄南了。才知道沉寂的和领的物品，原来是徐州西黄口车站被敌人袭取，徐州失陷。台儿庄大胜利这又变成大失败了。

次日晨，遇有炮兵向东行进，都用六匹马挽拉，越过陇海路。又日晨，向东北方向走，小公路上数辆汽车无人。我还到车上看看，有几个小箱子，锁没锁也不知道。望慢山上走，临山有敌炮打来，很多人退回来，我急折向左边山坳跑去，有头小骡子跑来，驮有棉大衣毛毯等。我滚在腹下，抓住它，整理好骑上，快速地跑出敌圈。下午在一个村边上，集结了很多人，把军用物资，器材武器等毁损埋藏等处理，走的道路百米宽，也没从麦田里横穿。走了一夜，不知道到了哪里。一个村庄没有人。有三间房的一屋子粉条。都煮了粉条吃，也跟上吃吧。吃的吃，走的走，没煮好软的就吃了，路上挺难受。又走一宿，终于睡觉。这个屯有小亭，有字，以后走过多次。台儿庄结束了。

申公豹闻讯，吃惊啊。说，日本鬼子真孬蛋。不抗打，那么有利地形，还吃败仗，能战胜吗？我也得另改方针，重新计划。

日寇打通津浦沿江直上攻陷无锡，又攻合肥，沿着淮南路由合肥西进，攻六安，叶家集。

我们到明港车站集结，慢慢地也都回来了。罗山桐柏整训完备，赴六安迎敌。一场激战，六安东一个小山上，683团二营六连，一个兵扼守，抱挺轻机枪，没有伙伴了，自装自打，周旋一下午，敌方数百人被毙伤百余名，天黑返回。次日晨奉连长命，过河西保护线路。一营副营长刘庆广和几个传令兵占领迎街口的小商店屋内。嗬，日寇大约是一排之众，三十四人，带队人在侧，其他密集进入街口，机枪步枪一阵阵扫光，乘机退走。三营退到下游，乘船退回。六安陷落，河水猛涨，敌寇淹死甚众。叶家集没战。

商城黄川一带保卫武汉，展开大战。公路方便敌寇，地形有利于我。山麓稻田高山深沟桥洞等地，飞机山最高，其次是龙山龟山，飞机山顶有小庙没僧道居住。我军首先以庙据守，指给敌人目标。敌人注目后撤离，敌机二三十架每天轮流轰炸，炮击更烈，敌机炮轰炸时，我守军隐蔽于山后洞内，停止轰炸就急速上山防止敌人攻上山，不几天，庙没了，山也乌黑一片，时常电话报告，击毁敌人什么车几辆，我怀疑净虚报成绩战果。大部分同志闹痢疾，是水土关系。当地人也大都是病，食盐发生困难，四十多天无盐，以后到了汤家汇，盐每斤二角，大米每斤二分，得是十斤米价换一斤盐。官发米金，每月二元，摊伙食费每天每人六分，我在一营出差，听电话，营部十八个人起伙，一天吃十五斤米，鸭蛋一角钱十五六个。汤家汇有浴池，火神庙靠小公路，大汉口乱泥冲岗窑冲等地都是山沟地带。有一天宣传队是中央抗六队，宣讲说，同志们，台儿庄之战，日本的飞机大炮的厉害都经历过了。立即有人喊，打倒汉奸。你来替日本宣传吗。全体听众也都站起来，走，不听这个宣传。旅长团长都在台上，也不出声。士兵也没人指挥，都走了，再也没宣传队宣传了。十月末，日本占领武汉三镇，向世界宣布，它在武汉会师了。各国都得承认，中国是日本亡下之国。各国都说，你们日本说的是三个月武汉会师，这都一年多了，怎么算呢。前言不搭后语的，你们打去吧，没了一起算吧。日寇唆使德国讲和，攻陷南京时，也是德国出头，国民政府回绝，没有调解余地，中途无谈判可能！打到底，最后谁胜谁败再论。我们的三期抗战，这是第一段，还有两段没打呢！

日寇速战速决的战略被我们拖住，拿不动腿，他那持久待援的战术也被我们速战速决的战术粉碎，这就是取长补短的干法。

中共方面，台儿庄战后，中日在长江一带争夺武汉之际，趁敌人后方空虚，大向齐鲁冀豫等地派遣有力部队来破坏抗日的自发团体嗬政府武装。河北景州葛振华，在连镇赶集卖梨引起愤怒，用扁担打死日兵，抢过枪支，号召抗日，聚焦三千余众，日寇屡剿不胜，吴桥张国基剿灭高大眼匪徒后继续抗日，都是日寇劲敌。他们都被中共消灭，有力地支援了日寇。借助日本，乱杀中国平民，消灭破坏抗日组织，这就是申公豹另改的方针，重新的计划。

深入敌后方，大打游击战

1939 年，中华民国二十八年初，政府决定，大量派遣部队深入敌后，大打游击战，鲁苏战区总司令于学忠率五十一、

五十七、八十九军二月五日由阜阳出发向敌人后方挺进。敌由开封调来第五师团堵截东进部队,在犒沟新马桥靳县集(大泽乡)芦沟一带地区相遇。一天下午炮击放毒(催泪弹),战士发现有毒,众人皆慌了手脚,我急忙戴上防毒面具。防毒面具是都有的,台儿庄战役就发了,他们都毁掉了。转了风向吹向敌方,还带来大雪。时间不长,风停雪止,晴朗月明,敌人也退缩而去。趁此机会我们过了津浦路,进入宿迁窑湾湖沼地区,又到有小亭的那个屯了。哎,咱们住过呀。敌人急回救开封也来不及,忙于奔波!

中共方面早就派来部队,另信徒手背着儿子,到处都是八路。民众百姓关闭寨门,不容许进村。打,他们还好厚的脸皮在寨外讲说,老乡们,大爷大娘们,哥哥弟弟姐姐妹妹们,你们打我们,我们也不还手。骂我们也不还口,我们是来给您打日本的,不让日本鬼子骚扰你们,不叫日本迫害你们!好,这是很好,就怕你们的骚扰迫害比他们日本人还厉害些。不过是比他们更巧妙!大爷大娘的大哥大姐的叫,尽说好听的,善良的老百姓心软了,哎,开门叫他们进来吧。这是第一头,磕开门。三头主义进门来,再用摇头招下他了,更来麻烦了。开会,查点有多少枪支,多少青少年,编列成班排连营等部,自选班排长,两人一支枪,徒手的后面跟着做助手,拆了围墙通行方便。这是他们出入自由方便,你再不从啊?他就摇头,不听从不行。你实在不从吗?要你的头,杀你,活埋你,暗害你,给一个青年扣上汉奸的帽子。这个人很机警,说,我不是汉奸,我爷爷是汉奸,积蓄了这么多财产,可称作是汉奸了,那你怎么办我啊?给你拿点抗战费用吧。这一年的游击战颇有成效。总司令走在前面,每天通电都在部队前面,加强领导。过小陇海路时,由枣庄开出的火车,车头灯照亮路面。我正走到路上,亮光过后,灯灭车退回,到达郎一休息几天。据说原邱阳行经费县南,牛栏到蒙阴县,曾经被庞炳勋部将日寇驱逐，庞部炮兵在北山上向城内打，敌寇避入天主堂，是老百姓出城告知，炮长指挥打，教堂德国国旗迎风飘扬，被炮弹带走。堂主德国人声喊不讲理了，新泰莱雁已无敌踪，我们在蒙阴休养整补，大部分同志因被毒气感染，沿途疲劳多有病，天主堂施救，恢复健康。该敌救援开封不及又回来，同八十九军战斗于鲁苏边界。五十七军接替，与敌战斗于鲁境内。临沂向城区小炉乡九女山，师长霍守义站在山上指挥，敌人发现他是干部，开始猛烈炮火轰击该山，自早至晚不停。上山一炮不落将敌击溃，收获战果，余下一残部在秋初被 342 旅消灭于青杨衍地带。该敌探明一个旅部，还有一个营，别无其他部队，夜行晓袭，稳操胜券。当天下午有两个团来此 分担任务，正好。次日晨，敌人来攻击，前哨发现，报告有敌兵千余，炮两门。

团长王松元下令一、三营上山埋伏在必要处，不要发起攻击过早，预备侧射斜射更好，快去布置。问，平射炮还有多少炮弹，连长答，有的是，一千多呢。好，上山。抬炮到山上一看，嗬，敌人正在河滩树林内修筑炮阵地。直对准他瞄准，等他一发炮，咱这里也发炮，他的炮弹到这里炸了，他的炮阵地也有炮弹炸找不到原因。步兵攻山失利，下午溃败狼狈逃窜。以后民众说，敌人伤亡大半。王团长率队阜阳领运，杭团长负责保卫非战斗队员，我们打完仗就走，不清扫战场，都是穷八路拣点破烂枪支弹药等项来充实自己，捡了便宜乱宣传。说这是什么部队啊，敌人来了不打，跑了，白吃饭。老百姓有些直性子的人，当场质问，青杨衍是谁打的，是你吗？他立即不出声了，闭口不言。哎。这地方人，知道详细情况，骗不了他，再到其他地方骗人去。

他虽闭口不言，心里记住了你，晚间来把你拖出去活埋，他们不杀，不毙，都是活埋。没有子弹，打一次仗回来，谁打三枪就会受到严重批评，做检讨，甚至被关禁闭。三多么，三多就是官比兵多，兵比枪多，枪比子弹多。进门就都是官。三天后撤职查办，降级到底，没枪的徒手兵，给几个不响不炸的手榴弹，你还敢多言吗？有错误的人，得过且过了，还交代你好好干，能宽大你，立功赎罪，争取当模范。

坏统一战线，撕碎和平书

　　这时农村的破坏基本完成。第三头主义要头，不服从者，不积极响应者，抵抗者，一律杀头。还不是杀头，施行人道主义。是什么样呢？活埋。也分三种方式：活埋，你自己挖一个细窄长坑，能容下你自己就行，他给你埋上土。2是倒栽。你自己挖一个细深坑，头部向下，脚朝上，他给埋土。3画花被子。你自己挖一个细深坑，站在里面，他给徐徐埋土，血液上升，眼珠变红，用小刀在头顶上割一小口，血立即喷出，头面都成血花，这样的叫盖花被子。

　　预备完后，先讲一遍，他们是人道主义，即不叫你粉身碎骨，也不使你身首异处，囫囵尸首，还得感谢他的好恩情，他还得给你埋土，用他的劳动力，做得坏吧？说得好听！苏俄巴枯宁说，一切的政权都是欺骗的，西安政变的八大主张，怎么你们一条也不执行了呢？行军的路上都有他们设的岗哨，要是问他，说得更好听。原来这里没有岗哨，因为贵军路过此地，怕你们失去联络，在此设岗是给贵军作为指路标。你听了，嘀，八路军真周到，给你来个好印象，还有老弱病残的，也照实指给你路，回去就给他宣传了。幸亏那个八路哨兵，指给我路，要不哇，到天黑也不一定能回来。遇有身强力壮的，携有武器弹药器材等的单行人，更殷勤，点烟递茶，搬凳接东西，歇歇走吧。你看这么热情，推却不开情面哪，歇歇就歇歇吧，反正走得挺累的，你坐下来了就问你是什么阶级，你说是兵，他就哎，同志，在外面这站下吧，给你班长的位置，在哪里不是抗日呢？你所携带的枪支弹药等，就全部拿走了。你说你是班长，就给你排长的位置。给你的比你说的都高 1-3 级。你实在不站下吗，给你张借条，你的东西他们借用了。你想拿张借条，回去怎么交待呢，走路把枪丢了，不就站下吧。企图升官，站下了。交给你几个人，都是徒手，啥也没有，顶好的。有几个不响不炸的手榴弹，再有部队经过，不叫你出去，怕你跟着走了。到哪都是见人小一辈，没有平辈，小孩，小孩大爷女孩，小姑娘，大娘，老百姓，干啥活就帮着干。三天后，你有缺点，不称职，降级为兵，称职了，不能再降了，再降级成了老百姓。你走了。小米加步枪，哪有步枪啊？小米掺鸡蛋，是人肉。三十人换来一支步枪就是胜仗，三百人换挺轻机枪，五百人牺牲了，换挺重机枪，都算胜利的仗，有的是穷孩子，死，来一死十，十来死百，不是你家孩子，你不心痛。毛泽东老贼，在所不惜！三头主义用过，紧接着上三弹主义，一是拿肉蛋，而是碰铁蛋，三是碰上就完蛋，这就是说，拿活人跟枪炮弹碰，这是他们的小米加步枪就是这么来的，是拿活人换来的。宋江水浒寨替天行道，也是欺骗，损人利己！

中共八路军到处制造灾难，敌人不出来呀？他们去勾引，招惹，敌人来了，他们腿快跑了，敌人逮着老百姓遭殃，烧杀奸淫妇女抢掠等无恶不作，折腾完走了。哎，他们随后就来了。又是骂，又是恨，恨骂连声的，他们恨吗？他们不恨，是拿老百姓恨日本鬼子，说他们好，他们利用日本，害苦了老百姓。

八路军到处宣传，见人就问，咱们马上把日本打出去好哇，还是等几年再打出去好呢？民众不知道他们的诡计阴谋是什么啊，就说马上打出去总好，早一天好一天，越快越好。

他说，不行。那样不好。马上打出日本鬼子去呀，咱们就不当家了。老百姓又问，那就谁当家了，那就中央军当家了。若再等十年八年或者更多的年，打走日本鬼子时，咱们就当家作主了。

中共这么宣传计算，能有真心抗日吗？双十二的八大主张，也都是骗局罢了。逐渐分化，离间，攻击，消灭，不是八路军组织的一律坚决消灭，如张礼元部三千余人，郑小隐县长部，沈鸿烈省政府攻击那部，不管胜败，都是全部被他们打死了。他们死了多少人也不说。山东人有个口头话题，中央军是(指国民政府军）是抗战的，八路军是捣乱的，游击队是讨饭的，县省政府是避难的。有一次攻击27支队，王彭九对照，一个支队全部被歼灭，这回说了，到处叫喊说，王朋九，不该消灭他们，一个支队打了他们，就是不应该，他们消灭哪些部分就都是应该的？笑话！好八不压赖九吗？二次国共合作，你们怎么不合作了呢？共同抗战也不抗了？破坏抗战，枪口一致对外，谁的枪口对外，你的枪口就对谁。

1940，中华民国二十九年，师集训班第二期。四月间，教育长解如川讲，我们有一个政治上的胜利，蒙阴县城，日本挂起中国旗，这是欺骗中国老百姓明显的表现。他们的失败即将到来。接连不断的传捷报，湘北长沙大捷，南宁大捷，是广播攻势取得的！

日本反战人士大学教授，从日本逃到香港，我国政府接来，在前线讲述国内的一切困苦艰难的事实情景，日本士兵听后都在垂头丧气，悲愤之际，我军全线大反攻，取得了广播之效，对敌寇采取广播攻势在山西使用，吃了大亏。八路穷种，在鲁积极排除异己组织。114师680团是王团长阜阳领来的新兵，驻蒙阴坡。他们赶，说，你们在这里住，太影响我们的工作，如果你们不离开，我们不顾一切的牺牲，那就是打走你们。师长闻讯，说，不走，我们是国军，要住哪里不能听你指挥。

赶不走？扣帽子，到处宣扬说，680 团是汉奸，汪精卫派来的，必须打垮他。蒙阴坡二七集，还真来了三十来人，一挺轻机枪，其余都是步枪，反正都是小米掺人肉蛋换来的。哨兵发现，报告，立即派队迎击。一小时后，都俘虏了。审问明白，是八路。他们误会了，随后跟着来人道歉赔礼要人要枪，一切缴获都还给他们，乐呵呵的走了。这时先试试你受得了不。不受再另外变招。实在不行，那就得小米掺肉蛋，和你来换步枪机枪。我毕业后升任八连的班长。秋天在蒙阴新泰交界处烟庄一带住下。当晚，有新泰县伪团长陈三关来信借道，王松元团长不允，次日晨，我带两挺机枪布成防线，前方有张文善排长带领一班布防，发现敌情，右前侧山上鸣枪报警，前哨退后，敌到我阵前，沙河滩上双枪并举，连发两梭，八十发，敌伤亡数 4，迟疑撤退，又是平射炮，与敌炮战，敌机来援，他也找不到目标，逃去。下午敌我伤亡都不大，战斗结束，我连轻伤八名，我三处伤，夜晚走一夜，八路时隐时现得跟了一夜。这些穷八路哪里来的呢，这么方便。一打仗，他们就来了，敌人走了，他们跟着你，是想拣点拾点的，对他比对敌还重要。敌人在前，你知道是敌人，他们在后，得手就打你一枪，抢点什么就跑。你知道也晚了，我们的缺点是始终拿他们当作友军，这样的友军是单方面的。他们拿我们比敌人更敌人，想方设法的在消灭计算中，但是还不敢公开，逐渐激发矛盾，打了。入冬，我们调往南山区，更近了。在你哨兵前横行乱走，对你的哨所设哨。第二天就占了你的哨位设哨。早起派人去放哨，他声称替你警戒了，在石渠村隔山住，他们在山上有哨，夜间大雪，他们一个人携枪而来，问他，说走失迷路，次日早饭后送回去，他们接回去就枪毙了。拿他携枪投敌的罪名来执行枪毙，逮去敌人或者百姓都是活埋！

正式撕面具，公开抗国军

1941 年中华民国三十年，连长和我找麻烦，被团查知，调我到一连升副排长，八路截留我们的粮食，口称说借。这个借，还有个头否，借到多早多晚算完？光借不还，当兵的不允许。我们是用钱买来的，借粮不行，打。他们也正想和你打，找不到借口。打起来，又是你们先和他打，他们又有理由了。别的部分都打完了，只剩你们国防军一部分，还有日寇帮助他。他们就是找这个节骨眼。退避三舍，月余不见一兵。把他们粮食起出来很多，他们到处设立税卡。

秋收以后，他们是来收麦，重机枪车捆一带开始进攻。夜间他们吹号，就知道势力不小。快走，他们攻进去，没人了，三连一位排副，带领守一山上小寨。八路攻到寨下都退走了，他和敌人搓火了。和敌人要手榴弹，给了他手榴弹。总看出敌人臂上有白布。啊嗬，他是敌人，敌人尚未发觉他，乘机逃走了，敌已不支，由三十里外增加来一个教导团，是精炼部队，一鼓作气跑三十余里山川小路，石头绊脚坎坷不平，到此参加战斗，有一挺重机枪在孟渊山上掩护进攻，距离太远失效，反倒打了自己，教导营长被击毙，随即败退。

我军乘胜追击，俘获伤员一名，腿折不能行，是他掩护部队打的，往前不远处，有支破枪，对八路作战掠获他的人员武器等，很不容易啊，退到孔庄狼狈之极，众兵卧地不走，声扬死就死在这里吧。51 军来了，杀就杀吧，死也不走了。追击队追到孟渊山前，听喊，让不休，别追了，饶过他们，叫他慢慢的走吧？地区退出不少，让郭阜阳，这年艰苦之极，什么都吃了，桑树叶，豆叶，地瓜茎等。我军在乔庄有一小部，他们来袭，重机枪，迫击炮都运到乔庄东山上，还没打，起了龙卷风，刮去了（天意？）翰林院，青砖，磨砖，对缝院墙有楼，我军二营驻地，乔庄有岗楼。他上树举火烧楼，被打掉地上喊，打我肚子了。围困翰林院半月余，打伤一名士兵，安全退出。他们到处宣扬翰林院里面的人都叫我们给打死了，二营的兵说，连我的鸡巴都没打着，伤了我的卵子皮！可是真的，迫击炮弹炸伤了他的卵子皮。

日寇微弱了，他们强了，打八路比打鬼子还多还激烈。八路走道都唱：八路打仗为老乡。扛着大棍子，插进枪眼里别着，徒手兵去别枪，不是净挨打吗？反正有的是穷孩子，死去吧。

秋初，调我到团集训班，任司务长职。每天多是赶集上市，买办。十月十日，国庆节，中央颁布，对日本宣战，对法国绝交，法国从越南支援日本进兵侵华，对他断绝往来。和日本打了五年多了，不宣而战，那都不算数，今天看出胜利的把握亦将不远。中共方面大为惊慌，鲁苏豫皖晋冀热察都假警抗拒国方力量。日本国内恐惧万状，征兵极度困难。征起兵来，妇孺老幼卧轨阻止开车。侵华歹徒强行开车，压死多人。侵华部队补充相当困难，，所以改变了侵华方针政策，以游制游，以战养战，以华制华。以华制华，就是利用中国的汉奸为主，借助中共的不战、滑战为辅。北京王克敏，南京戚焚元，汪精卫等。以战养战，掠夺中国的物资财富补充战备，以游制游，你们游击战，我们也来游击战，那么咱们就游吧？日本在山东有两易两难。对八路一易是打，好打，一难是找，不好找。对 51.57 国防军，一容易是找，好找，到那里一找就找到，一难是打，不好打。和他们打多半是挨打，打不过他。

1942 年中华民国三十一年夏秋之际，敌人集结来进攻，由流水井张家街白露甘霖，我团退出九女山村，我带炊事班送饭，走到半山路上，看到一伙人在左侧山头上，敌人正在九女山上拆除城墙，弄得一阵，哐啷一炮，正打在人群里。又一炮又一炮，他们插的旗子也被捋走了。午间七八连攻击进黄家汪村，敌人开饭没设警戒，阵地被夺，纷纷逃亡，我们缴获大量食物，包括大酱酱油等，成桶成罐的，分到各连和村里的百姓。我没参战也吃着了。民众有的人说，咱们准备把炮也捋来了，结果没搜索到，被敌人找回去了。以后敌人传说，51 军的炮弹长有眼睛，净往他们人群里窜。团长讲话说，敌人说咱们炮弹有眼，实际上不是炮弹有眼，而是咱们人有眼睛炮弹也才有眼，他们预备部队在山后，可巧这一炮歪打正着，摧毁了他们的预备队！敌寇鬼子也真有一些诡计缺乏人员嘛。用胶皮人打足气，装在汽车上，远处看不真实，疑惑，说据点里增加人不少，据点里放出气，空车回来，再来时又是满载兵员，而实际上来满回空都是那些皮人在做伪装。

九女山战役，我团没伤亡几个人，673 团伤亡甚众。而面对之敌吃败仗多，弹尽粮绝，一部残余回枣庄的途中遇八路暗设伏兵，也巧，该死的奴才正在埋伏地带休息，完后正要走时，伏兵四起，手榴弹暴风骤雨似的飞来。八路军的手榴弹质量差多啦，这回捡了便宜。战后残敌就更残了，回到枣庄只剩下一个人。日司令官说，他们都在那里打仗，你怎么一个人回来了呢？枪毙他，怕死鬼！我们便衣探子探到葛玉振被俘，被押的人甚多，有八路，村民说今晚他们去打仗了，回来明天活埋你们。人们听完后心里想，得想法制跑了啊。否则就得等死路一条了。当晚，一兵看守，面前有个火盆，枪横在双膝上瞌睡。人们揪住这个机会，倏忽一下子按倒这个看守，抢过枪支打翻在地，细看是摆样子的枪，才醒悟。他们哪能把好枪在这里用，打仗时都没枪，净用手榴弹，还只炸两半或者不炸。

在沙沟团长一次讲话，前部扈尚义排副，因他叛乱投敌降共，策应别人，他的升级不是功绩也非贤能，只因他在职年久，职位年份多了，消极，哎，升他一级，提高情绪，嗬，拉拢叛国投共，枪毙了他！

倒插一笔，1941 年，民国三十年夏天，一连二排吴排长从干训团受训回来讲，在受训期间，总司令于学忠在训词时，刺客往讲台上投掷炸弹，这时有新四师长吴化文在侧，按倒总司令，自己扑上去阻挡炸弹，结果师长吴化文背后受伤，刺客逃走。三天后八路送来一具尸体，声称是刺客，被他们捕获处死后送来交验。人们说，他派来行刺，不成功就杀人灭口，是不成功便成仁的做法。这能够欺骗谁呢。果真妙计。送话的审问明白，确实是他行刺无疑，再杀，他供出来主使者怎么办。于司令也只能释放无罪，像天津一样。

日寇修筑德石铁路，怎么不阻挡呢？80 多公里三个月完成通车。说的英雄英勇强干，是对中国政府能干，利用日本消灭中国政府，这就很明显了吧。

皖南事变，听情绪，看样子很是抱怨国民政府不仁义，而你们背叛了国共二次合作，撕毁了共同抗战的条约，骗取了每月三十万的军费，谁的枪口对外，你的枪口就对着谁等等的罪名，你怎么一字不提呢？叶挺军长在北伐的时候是独立团长，一个团的兵力击溃吴佩孚十万余兵，那时的英勇哪里去了？怎么皖南事变中被马鸿逵击败被俘，是什么原因呢？

原因在于民众痛恨，苦无所诉，可盼着马鸿逵来剿匪。民众不惜牺牲，坚壁清野，焚烧房屋，填井绝粮以报你大恩。这回巧嘴八哥你叫不出潼关去了，新四军瓦解，军长叶挺被俘，也提了吧？

马鸿逵不像张学良蔡廷锴一样，贪图你朝秦暮楚的巧嘴，张学良西安事变以后，知道上了你的当，也晚了，已成骑虎之势，没法下台了，坐一辈子监禁，还比较仇敖，刘少奇，陈伯达姜强的多了，他们都喊冤饮恨而去，或者被折磨而亡故！

　　国府命令你进攻，你拒绝说没子弹，你们不是没有，得分对谁使用。日本是你们利用团结借助的对象，对他们使用子弹哪能有呢，不是还和日本是同盟军吗？吉鸿昌小贼，成立了同盟军在北边外，约会孙殿英王英，共同和日本同盟。王英知觉了，投入骑二师，孙殿英被派往青海任主席，沿途被消灭，吉贼被枪崩了了事！没有子弹，葛振华部，张国基部，张礼元，郑晓隐、沈鸿烈等等吧，都被灭掉了，那是哪里来的子弹呢？何应钦还致电，劝告说，玉阶兄如何如何，中共方面是认定赤俄是祖先了，旁边什么忠言良语都听之不入耳了。

　　中共由苏俄留学才回来的赵博，年十九岁，聪明，任鲁军政委，策划消灭我团，被查知。一天下午我团长集合两个营配合平射炮，声扬去总部领取物资，绕道走过九女山后，奔车网去。没到午夜时分到达目的地。村寨门关闭，搭人梯入内开门。前哨扛肩枪，穿街而过。遇人问，哪部分的，答，自己人，别误会。也正是他集结部队时混过去了。出东门有个轻机枪，阵地朝外的。向里也行啊，就地架枪，向里冲门。时间不长，噇郎一炮，正打入马棚。哎呀，不好，鬼子来了。炮弹打进马棚，马也被炸懵了，乱蹦乱跳，赵博也急了，快备马。突如其来的情况，抓紧时间走。政委上马。马错了，赶紧换。马鞍子换好，还没紧肚带，刺刀边上亮，别动！赵博束手就擒。东山上信号闪动，更不知有多少敌人包围八路，都是英勇善战慷慨牺牲，奋斗到底，等等的。好名堂全都是假的。赵政委受过深刻教育，怎么面若妇孺，一点骨性没有呢？

　　中午全部俘虏，人员三百余，破烂枪支无数，重机枪一挺，马五匹，都陆续押回九女山，其中不吃惊的村民说，你们再晚三天，他们就全来了。哎嗬，等他们全都来了呀，就没有我们的了。审问，理论很充足，不承认！

　　葛玉振认识他，说，他一定是官，什么官职不清楚，被他们俘虏审问时，他在旁边桌上办公呢，准确是官无疑，见人

称同志。郭尚志问他同志俩字怎么解释，他说，别看现在纷争啊，以后全是合为一啊，以后再说吧

假意抗日本，真实反政府

现今审问明白三十三名人犯，内有一女。我们也学习你的人道主义，不让你粉身碎骨，也不叫你身首异处，好不好？好！你们的生意，能说不好吗？好不好，就是这样了活埋吧，一丘之貉，这回一坑了之吧！

1943 年，中华民国三十二年，中共和日本，表面对抗，实际联合对付中国政府。683 团留下第一营，其余全部调回总部。春节后正月初五晚，有敌情发现，是 673 板桥方面。初六日晚，孔庄方面也发现有情况。加倍警戒。初七日晨，敌由四面八方进攻，我领非战斗人员先行退走到沙沟枪，右边有敌人团拢来。673 方面起火，转向左通过九女山村，往大炉跑去，身旁无友军驮枪马等，也不知何往。高山沟山上，有人也是敌人，心想拿手旗混过去，结果手旗失落无踪，掏出子弹想打，一看子弹 65，枪 74，不合膛。和另一个兵要子弹，他不给。心慌，也明白，不可在沟塘走，被堵了口怎么办。奔向坟地树林。林边稍站，来了一子弹，击中左腕，骨折，不能拿枪。哎呀，装死吧。旁边有一老妪，告他说我是死的。一起敌将枪去，二起将皮带，三起敌空过，就这样混过上午。下午敌退，起来查看情况。近旁不少的死者和背包。还有贪心呢，拣一个包，存刘庄。夜晚在密山洞安息，给送一壶热水，十个鸡蛋，熟的。次日上午敌人将战利品及俘虏押走，晚间去九女山，有一伙人吃饭，见了我问，谁。答说我啊，司务长。吃饭没，在这里吃吧。吃了饭咱们都得走，不走不行。走不远看见

一死者，衣着好，和他换装，我的军衣被烧掉，和他说，情急所迫，不得不如此，莫怪。往哪里去呢？辛庄去吧，先进一个小屯，有亮。一个老太太，烧个煎饼我吃，出来在村旁小树林睡。路上有行动，进屯问路。村内跑出俩人，截住问他跑什么，他说是鬼子。你怎么知道，他说话不懂啊，他是蛮子。天亮下雾，有雾遮蔽，未被敌人发现，可也没见到敌人。走到白露，有人注视我，到近处他问，你不是51军的司务长吗？是。咱们队伍在山后，你若找不着，就在这山前，别往那去，我给你送饭。好！找上了相庄，有十几个人，郭排副干亲家，屯里有人会治红伤，巧极。一百元钱。郭排副拿上了。四个伤员分药。随队到九女山，还有八路。嗬，他妈的这些穷小子，多前和敌寇打仗，他们就来捣乱，乒乒的一阵乱枪，跑了。到家看，毛驴被抢去了。鸡，藏石洞里砸死吃吧！岳母小姥姥掉泪巴火，妻巧儿开通侍候，不变声色。不走哇。营长连长准干上这个残部。营改编成团，连都是营了。

　　次日去板桥，在纸房一家商友早饭，得知义尔和其他一些人到板桥，好几家子都在那里，随他们到藤县，香城崮山庄。退伍了回家养病，在山庄有人唆使，干亲劝我，说什么没听着，只听儿娘说这个人待我们太好了。怎么能啊？再不出声了。到家不久，何轩侄儿来信，叫他母亲去，舍不得那个破家，和他弟弟去了又回来。又送他妻儿去，四个月病逝在倪寨。她说，大叔，你甭难过，我一点儿也不怨你，我觉得很好，在家谁能看起我呀？这里都称我太太，比起家里强多了。

　　日寇侵华部队在华各战场，国内都派慰劳队来慰问，是什么慰劳方式呢？是出征的家属，妻子在家里闲着，得不到性欲苦恼，叫他们出来慰问，双方都能得到男女性的欢乐，可不容许夫妻相遇。是夫在南战场，妻就调往北战场，例如妓女卖淫一样。一部分到几个女人，大伙轮奸一遍，送走再换新人。这回弄错，在山东枣庄，有一对夫妻相遇，女人向丈夫哭诉，来慰问遭遇和国内艰苦详情。二人也无心思取欢了，吃喝完了同归死难。

在山东敌寇区和八路区内，都倡导种鸦片（大烟）。各有各用吧。日寇用来毒害中国人民的身体健康，八路是企图多卖钱。日本一贯是不论男女都得给国家尽力三年，男的当兵三年退伍，再干别的行业，女的为娼三年，有人领导出国开设妓女院，谋取外利，除生活费外其余一切收入归国有。服役三年期满后，始准结婚等自由。日本没有囫囵大姑娘，都是破大姑娘。在唐山市日本妇女洗澡到中国男浴池洗，中国男人都走了，她要男人给搓澡，翻来覆去的，这小伙子不高兴了，掰开她两腿就给塞进去了。她也不抗拒，也不出声，任其所为。完后走时她问多少钱。柜上说一角钱，是洗澡费。她说，她的是一千元。柜上不明白，她说小伙子日她洞了，还掰开叫看，讹了一千元去。他们拿着卖身求财，当作职业性。一个日本人雇佣一名中国人，他要外出很长时间才回来，害怕中国人搞他女人。临行时用称称郭体重才放心。他走后，他的女人同中国人日日取乐，夜夜承欢，甜蜜爱极，弹药充足。他回来再称体重增加，日人喜悦赞扬，男女本分可嘉，实际受骗！你不在家时，他俩日夜承欢取乐性欲满足。

我团又在蒙阴坡大崮山被敌人围困，两个营长都不同意守山，团长坚持己见，山高十丈徒崖，无路上下，只有东端一门可上下，别无通路，天险之地。南北宽约三四里，东西长约三十余里，山上有水，可供千余人饮用，诚是好地方。日久天长敌人续增吧退，数月之久。空军助袭，无能抗拒，哎。绝处逢生啊，平型关，百团大会战，咱来个百挺机枪，大回击，将全部机枪集合在一起，待机齐射，敌机又到射击时机尚未发射，时刻已到，机枪步枪同时开枪，一阵响声，敌机未开枪，一头撞入北山不起了，飞机抬不起头来，火光抬起头来，红红大火一阵烧光。敌人更急火，炮轰猛冲，团长张本之亲率指挥堵截，激战终日，直到最后壮烈牺牲而告终，跳崖被俘等情况也有，也完了。

日寇也学释放俘虏，是官长给一套呢子军服放回，另给三十元钱。士兵一律留用，其中有一名上士不放，众皆攀扯，不放他我们也不走，就都放了。这年鲁苏战区内，政府军全部退出，只有中共八路军和日寇等两部，互不攻占，各怀各意，各用各心吧。

中共方面是挽留日寇，消灭中国政府，完后单独抗日。日寇方面是将中国军政组织消灭无存，独霸亚洲到全世界。他也没想想，他们弹丸之地，几个小人吞没偌大国家，世界岂可能乎？早在张大元帅时候就给定下，死在中央政府之下，回不去东洋，是一定大概率，有劫数的。

将军头上这根草，压不倒，晒不干的，瞎张罗罢了。卢沟桥开战后，孔圣人担心，问张天师，怎么办。天师说，你害怕，上我家住去吧。我去应他们。你看看，时间不长，来一大缸，两缸三缸，大长尾巴蛆，乱翘乱拱，哎，你整死它不行吗。行是行，整死他们。中国十二年不下雨怎么办，他们没有多么大的闹头。申公豹得是大闹一阵子，这是中国人的劫数，在数的难逃啊！

日寇袭击珍珠港，美国本来不想参战等着拣便宜的。珍珠港被袭击，觉得等便宜不行，又没战争准备，中国进战多年，问中国政府蒋中正说，你能不能支撑两年。中正先生回答，二年？十年二十年没有关系。中日战争最后胜利是我们的。那好。两年后美国参战，这两年内，美国生产了十万架飞机，包干了空战。你为陆军总司令，中国需要的物资，美国全部供给。就这样定下来了。德国平了欧洲二十四国，德苏两年互不侵犯，期满失效，谁都可侵犯了。苏德战争正烈，德军逼近莫斯科。

日本混蛋，他不助德攻苏，南下攻击太平洋诸岛。英国首相丘吉尔约会美国总统罗斯福，在欧洲开辟第二战场，助俄声援没打。德国吃了败仗，秋季攻势失败，冬季攻势又失败。

英美联军攻地中海西西里岛，计划两年时间。打起来呀，不到两个月就占领全岛，又不到一个月，意大利投降。德国势孤了，来援意无效，地中海路运中国的外援物资，可最早到达六个月，提前半年收到，给战斗准备供应提高了便利。

中共申公豹见此情景，大感吃惊，抓紧积极抵制国府。石友山和高树勋军长不睦，千方百计策动离开。高军长致电中央说石友山总司令哗变。中央电报送来，回称不能。就地枪毙了。那好，你就职总司令，石友山祸国投日，落得个被打死在猪圈的下场！结束石友山后话的完结，老百姓说，八路军瞎胡闹，净说动员，不是要动员就是和你要，你给就给，不给就拉倒，不给也不行，八路军说，老百姓，想八路，盼八路，八路来了恨八路。来了你再恨就不行了，不是才来的时候进门就磕头，见人小一辈，大爷大娘的，不住嘴的叫。

沧州出来给疯子，什么他都知道，成万事通了。有人问他，你什么都知道，日本生命时候完蛋。他回答说，你问我，我问谁，初一十五带星期，人们说他疯。初一十五那能赶一块吗。

假意对日本，真心抵国府

1944 年中华民国三十三年三月同和歧，由固始县回到家乡，李家集又出个疯子，这天站在十字街，喊叫说，房要小，地要少，人脸前里别数着。都说这个疯子瞎白话！

大编乡要坏，往火车站送。火车站要坏何用呢，路侧修墙，八路军瞎几把搞，他们怎么不翻铁道呢？拉拢日本，借助日本的力量削弱国民政府，直到取代政府，害民到底。中央国民政府也见到了此点。张学良不尽力剿匪，演政变，以致养虎添翼成患，事已至此！

派飞机来打机车，日寇想法保护。车头不挨打，不受伤，要坏，在铁路两侧修墙，墙比机车头害长点，飞机来打时，车头藏在墙空里，飞机更怪，不打车厢，只打车头两侧的蒸汽部位，打坏了没法修理，必须另换安装，想修理补眼是不行的。有一次在沧州附近，击坏一架，来两架，一边一架，抬着走了。

北京来个日本高级官员，下火车上汽车，中途被刺死在车上无人知晓。到寓所下不来车才直到被刺。北京九门九关，闭门搜查，说是麻子脸。麻子就倒霉了。三天后，重庆来电称刺客在这里啊，你来抓吧。赤俄中国人都说傻毛子。毛子是傻吗？在西安头天晚上预备好的飞机，次日出击，夜间偷开回国，这也是傻毛子给予中国的帮助吗？

德国失了意大利，屡败于俄。联合国空军猛袭，柏林百日没解除警报，轮番轰炸，昼夜不停。先有防空高炮，之后防空也没有了，飞机在空中躲不开道，撞毁了无数架，终于炸透了他那保安装置。

蔡廷锴率军攻德，张发奎率军入缅甸远征。入缅军是在印度训练有素的机械师。第 200 师出印度攻新加坡，又折入缅，配有联合国空军相辅，日寇望影而逃，空军也不敢露面，一露面就像耗子见了猫一样，急忙入洞！

申公豹中共见此情况更为震惊，声称百团大战是对谁的呀，是对日本吗？若真对日本的会战，何必将抗日的人员判处徒刑呢？罚劳役就是非法的了！真理在你那一面，那你说个明白吧？

假惺惺的，搞地雷战地雷地带，坑道战，农户各家灶坑炕洞等都挖空，各户相通，打不着敌人，危害了自己！日寇在冀

东，大车拉着铡刀，下村讨伐，见人就用铡刀铡，这回老百姓
来灾难了。真八路早就跑没影了，老百姓遭殃吧。讨伐队到
丰润县境，县长张华山出头阻拦，说我县没有八路，你铡就
先铡了我，自己将头伸进刀口。讨伐队不再进丰润县，老百
姓得了安居。

还有的地区将各村相通的道路都挖成深沟，他们好隐蔽
逃跑。他们腿快跑了，老百姓妇孺老残等人就遭殃了。我村
孙某的女儿乳名凤儿，结婚不久，其他人都跑了，她被日寇
俘房，三十多名日寇兽兵将她轮奸得不省人事了。她婆母回
来抢救得活，无端造孽，老百姓跑，他们就乐了喜欢了。

驻区内，不许喂狗。有狗都得打死。他说，狗是汉奸，通
风报信！秋天整在地里收割，下午由东北飞往西南的飞机多
架，始终没查清楚有多少架，最后有四架是母机，有五个头，
看清楚是中国国徽，他们问我是哪里的飞机，我说中国飞机，
大家伙都欢呼胜利来了。又有一架西北来东南去，母机上出
来一架小机追去。小机特快！

1945 年，中华民国三十四年，日本海军力量三部分，共
有一千三百余艘，其中云港陆奥两号各居一份，其他共占一
份。陆奥号开来中国，显示海军力量啊！

中国政府设法除掉它，召集空军将领开会，谁去，都报名
愿往。抓阄吧。东北飞虎将军抓着说，他的舰上有十英寸口
炮十门，防空防弹特别坚强，必须你们先去勾引，使得他不
注意时，我去骤然袭击，飞机和人及兵舰同归于尽。那好，就
这么办，走！先去三十架，在东南方向佯攻，舰上防空防弹网
撤掉，飞虎将军乘隙而入，投弹入烟囱，飞机坠海，兵舰沉没
了事，其他飞机返回，好！

嗬，你向中国炫耀海军，叫他一下子消灭了三分之一去，
咱们也比比，看是谁强谁弱。开来一千五百艘潜水艇，日本
全国舰艇一千三百多艘，苏俄潜水艇一千五百艘，一对一超

过日本舰队。日寇满洲国屡受空袭，不能制止，受到空袭时
防空炮弹不敢打，打出去的炮弹被发现跑位，飞机转过来炸
弹就落在炮位里了。中国大片战场空虚，无兵国内征不出兵
来，台湾，朝鲜，大满洲国的兵，不敢依靠中国的汉奸，时有
反正之举。痛苦艰难万状，以华制华，华制不了华，以战养
战，得不偿失，以游制游游不动，大兵力没有，小兵力不敢出
去，愁苦难堪。

外强也不强，中干中更干

意大利投降给联合国，德国希特勒瓦解被俘即无依靠也
没支援，乞求中国讲和也没指望，哎嗬，给他来个最后的一
招，孤注一掷，行就行，不行就完蛋。大量集结兵力，各个战
场都摆空城计集合重兵，攻取洛阳，这个洛阳是危害极点，
正在准备攻取洛阳时，沧南十八县的棉花一天起火。哎呀，
一事不了，又出一事。抓紧审查起火原因，轧花工人都抓来
严刑拷打，几天后无效，找不着原因。

重庆来电称火是中央政府撒的药。药物经日晒起火所致，
于旁人无关。哎呀，又是你们捣鬼。北京行刺，容忍了你，又
来放火烧棉，攻打洛阳！

日寇集合进攻洛阳，这时投降中国，退回三岛，尚可保全
领土完整，不至于被赤俄掳去四岛。美国占去一县，能轻易
放下武器吗？是到嘴的物资不愿意吐出去，又形势所迫，不
容你不愿意。德国比你如何？灭亡了二十四国，最后还是自
亡。如果也像德国那样轰炸你日本三岛，百日昼夜连续轰炸，
不能解除警报，那么那些纸本东京三岛弹丸之地将成何样状
态？若不给你个眼罩看，你能信吗？

中国仁义之邦，善念为本，多次劝告，忠言逆耳，那也没
有别的好办法，只有听其自然而已！集结重兵的已成强弩之

末，急攻洛阳时，邱师长率领紧守洛阳城防。怎么样？攻陷了洛阳，可你也完蛋大吉！

原子弹是德国所制造的，工人就是说，不成。要是成了，那么，世界上还有别人吗？破德之后，美国全拿去了。到那儿就成功了。试试看看，到底怎么样呢？往那儿去试试呀！日本嚣张之极，哎咳，在日本一试，就老实了！

八月八日试原子日本投降，八月九日中共对日宣战

美国收复德国，将德制原子弹材料，器材，人员等项运回本国，赶制原子弹成功，八月八日投入日本广岛地区内，三日后派飞机侦察该地，飞机不敢靠近。相距百余里蒸汽逼迫回报，日本裕仁天皇急忙召开内阁大臣议事，众皆惊惧，谁也不明白是什么武器如此的厉害，只要有，就不能是一个两个，日本既不能抵抗也不能防御。为今大计，先停战后投降，否则，再打下去，日本将有灭种灭族之患！大和民族要紧哪！众皆同意这样办，那好，下令。

中共中央毛泽东着急了，八月九日号召全军全民对日本宣战。最后的一战，可真是再不打就打不着了。日本投个降，放下武器就空手走了，你还往哪里打去呀！

申公豹更着急上火，八年多没认罪和你打。想叫你帮助我打垮蒋介石，要是真和你打，你早就完蛋大吉了。你们真他们的孬，不抗打，你走就走吧，白支持养活你们了！

日本裕仁天皇下令，在华部队一律在接到命令后放下武器，不许再发一枪一炮或者杀一华人，向中华民国当局无条件投降。八一三停战，八一五在美国战舰密苏里号上举行投降仪式。日本投降，全世界宣告安宁。

头天被八路军禁在尚左，下午他们走了才放走。被禁的人不少呢。他们到哪里都是严密封锁，一律不许走漏消息，所谓铁幕。二天在砖厂做活，又有一些持枪的，我怀疑是八路，没理会。原来是敌伪讨伐队。才醒过来，昨天他们是逃避。讨

伐队被抓去跟走，沿途有老太太，挎筐携篮的，看姑娘送馒头食物等也捋来，叫我提着到小乔庄。停止午餐，问谁是抗属，都说没有抗属，我们这里没有八路。有八路的地方道都挖成沟了。你看道都没挖，是没八路。鬼子也说，是没八路。如果有八路你们不说，我们就实行三光政策。一筐一篮的干粮都拿去吃了，剩一筐，我说，你们不吃了，给我吃点吧？那小子挺好说话，说，拿去吃吧。我拿来叫俺村的人，来吃吧，一筐也都吃了。又叫走，往回走到了蒋庄住下。我逃跑回来，村里正筹钱去赎被抓去的人。

喜悦到处传，战乱更频繁

1945，中华民国三十四年，公历八月十五晚，中央广播电台发表消息，日本于今日（15日）正式向中国及联合国无条件的投降。天津北平等大城市都欢呼鼓舞若狂，互相奔走传递喜讯。朝野人士，全国各族平民人等国外侨胞被俘居日人们，无不欢腾一片。看你说得这么甚是热闹，还有否，不欢迎胜利的人呢？有，也有哇！那是极少数的几个人！是谁呢？就是叛变国民革命十年，抗战捣乱八年尚未得手的叛国害民贼匪党徒，这也难怪，人各有志嘛。必得各行其志，能否成就，那是两码事！

就是申公豹闻讯，大吃一惊，糟糕，大大的糟糕，我还没消灭完国民政府蒋介石政权，他就先投降了，投降给他们，还有我的吗？不行，和他干！和谁干呢？和蒋介石干，打垮他，就都是咱们的了。给他制造谣言，反宣传，可不能叫蒋介石来呀，国民党来呀，还要八年的工商农业等税收。你们想想，日本和汉奸他们把税捐全要去了，蒋介石国民党来了再要一次，八年的税收，哪里有这么多钱再给他呢？咱们大家起来打吧！不叫他来，我也相信了，说，真够呛，国民政府怎么这么刻薄呢。我醒悟得快点，猜测着八年。国民政府不能这么样做，这一定是个阴谋诡计。果然第二年到天津才知道国民政府免税令，是各行各业一律减免税收一年。

日本投降了，中共在农村收麦，我担任财粮职位，造册报表，还落个挺号。入冬时，二弟由蚌埠来信病故。我去蚌埠搬取侄们，一路坎坷难行，无法言状。去时晏城到泰安两天一夜，泰安到衮州一天，还步行了九十里。徐州到蚌埠一天，其他都是走，十天到。回来时由蚌埠到利国驿，两天，从徐州泰安到济南两天，其余都是走，二十九天，日行十里。腊月十五日晚，到夏口。距家百四十里，将她娘儿记下，回家套车。十九日下午到家，中共八路这些穷小子们，见钱没收。钱犯了什么私呢？不是他出的钱，就是收。他出的钱化不出去，他自己都不要，旁人谁能要。赶集上店买东西时，你说价钱，他就买，不还价，把他的钱扔给你就走，你和他争论，他更有理，要多少给多少，还不行吗？你再说，你给我，我再给谁去呀？走，咱找地方说去，给你扣上抵制政府，抗拒使用国币的罪名，你就担不起了。

怎么办呢？忍了吧。吃点亏免得麻烦。我老婆有病，拿丝绸被面卖，问我要多少钱，我说一千块，更痛快，丢给我就走了。拿起看，是二十元，还是北海银行票子，还毛烘烘的，看不清楚字，再找人早没影子了。这样就是他们说的公卖公买。也有些人趁机捣乱，到集市上没收日伪中国联合准备银行的票，和你换，给你一元，要你五十元，再不就是没收，人们都说，准备黑，没被黑，这回啊，不被害，还要被害呢，（指北海银行票）

在黄家镇集市上，没收一个人的钱，还用纸画个鳄鱼，叫他顶着，手打铜锣喊叫说，我花了日伪钞票，是王八啦，你们可别花了，拿我的去，你花，也是王八。

太平不太平，疏乱更慌乱

日本投降以后人人欢迎的太平世界。自从清朝乱了这么多年的天灾兵患，正该是太平了，岂知，打走了鬼子来了毛子，更甚于鬼子之恶而无不及。

赤俄进兵东北直抵山海关，要进兵平津地区，联合国令其停止前进，才停下来，占据东北地区，收缴日寇所有武装后，东北厂矿企业全部机械一律拆卸回国，交通工具，各种车船等都抢劫回国，发了大财，还占据着旅大市，拒不交还盟国。就一兽兵。

在沈阳强行用冥币购买物资，一家商店，中国人买东西时，店员挑剔顾客付款用的货币。掌柜的发话，说，什么钱不能使用？鬼票子（冥币）都使了，还有什么不能使的钱，该店员也不挑剔顾客支付的货币种类了。

那些赤俄兽兵无恶不作，奸淫抢劫。抓住妇女轮奸。他们来的妇女也强奸中国男子，三四个妇女开车，抓个男人上车，一人开车，其余人在车后强奸。以后轮奸的事情多了，中国女人都改扮成男装。他们找不到女人样的，看见一个老道是长头发，以为是女人，验看是男子，哈哈哈大笑一阵子，拉倒了。世界各国语言不同，哭笑是一样的！

关外混乱，关内更乱。拆桥破路攻城劫粮，大扩军，拆铁路。津浦路由沧县到徐州完全被拆平，道台子都拆平了，京汉路北段北宁路由唐山到沈阳都翻过来了，枕木在上，道轨在下，枕木枕着道轨。京绥路胶青路都不完整，完整的就是德石路。这条路谁都用不上，没拆，也不长，180公里。攻城攻吴桥县城，被城里突出一部分，在老鹅张坟地被消灭一部分，最后胜利了，死人多少不说，只说小米加步枪，攻德州城，我叔兄弟从天津回来，天津太平，心想家里也会太平呢，正赶上攻德州，贫农出担架，打开后，城门洞里进不去，爬进去的死人堵门了。吓坏了。回来没过夜，当晚到家就走了。再也不敢回家了。早这么费力干，早就打走日本胜利了。赤俄也掳不走东北的物资和机械啊！申公豹的老大哥就这么孬！怎么你这个老大哥净摸索弟媳妇呢？这成何体面，还不许说，还一个劲地向国民政府提议，减缩军队严惩汉奸，国民政府都采纳办了，你大量扩军，是什么意思呀？当然是打内战！打内战就打吧，反正打了这么多年了，还怕什么。你净说蒋介石和你打内战，他缩军，你扩军。你扩军的不打内战，他缩军的打内战，是吧？这能骗谁呢？赤俄巴枯宁说，一切的政权都是欺骗的，申公豹欺骗人，更明目张胆，瞪着眼说瞎话，要和平，大量扩军的，是要和平吗？欺人之谈罢了！

铁路全被拆毁，机车也颠覆在路旁，行人沿铁路线行走背包的，毛驴驮的，小车推的，小孩子哭的叫的，给老百姓造下苦难，不可言状的苦灾，还说是谋幸福，哎呀，真够呛的，也真要命。要你命的，还在后面呢！

国民政府接收缩军，三并一两并一的，缩编了，余下的复员官兵没有妥善安排，按职级给与退职金，各奔他乡，就是有亲的投亲，有友的投友，各回各家。这一些人大多是无家可归，有了钱有家他也 bugui2，各尽所能，吃喝嫖赌抽吗啡等，三八九点的钱花光了怎么办，无路可走，再当兵。兵满额了不招募。申公豹来大扩兵，大肆宣传，蒋家不用毛家用，这里来参军光荣，先给你个好称号，再有几个青年妇女拍着肩膀甜蜜蜜的说，看这有多么光荣啊，就这个光荣招来活肉蛋，掺点小米，再去加步枪，就行了。

日本以华制华，以战养战，以游制游，没制了华，没养了战，也没制了游。你看申公豹的，以敌制敌，多么灵验。缩军是缩掉的军队全被他们收来了，不用训也不用练，自然熟，再严惩汉奸，再收一部分，向国民政府提议必须严惩汉奸，汉奸祸国殃民为害乡端，民众愤恨，不杀不足以平民愤。

好，对，接受严惩汉奸，捉逮汉奸，齐燮元是汉奸，拿上南京雨花台正法，齐燮元血溅雨花台后，大大小小的汉奸都惊慌逃匿。他们在集市上大喊大叫，一人参军全家光荣。又来一个光荣，天大的问题当时解决。汉奸们一听，喝呀有门路了，赶忙快参军。参了军啥事都没有了，还落给全家光荣，军属，这样又来些成熟精练部队。

农村每天开会动员，说我们的饭已经做熟了，就等着人来吃。看是谁先来吃（指参军）？有一天，桌上有张报纸，是油印的，字迹不清楚。我拿起看，是党报，秘密的。念给大伙听，他来了，质问我，你怎么知道。我说，这上头说的。他看看，不吱声了。也记上我了，多次叫我参军，我不报名，他也没法。还真有报名的，嗬，真的光荣，胸前戴上大红花，门口挂上大红灯，可应点了。小孩子骂仗，一方面骂，另外一方说，您骂俺，听着，你门上挂灯笼，灯笼呼呼的转，你爹做贼，你娘养汉，做贼养汉，都成光荣称号了。另外一个是对骂。一方骂，一方说，你骂俺不骂，你们上插红腊，插一根又一根，插你娘那个小穴心。这些童谣民俗都应点。

美国国务卿马歇尔，为中国国共和平解决问题，曾九登庐山面议和平方针，申公豹使个劲的，捧着老大哥的屁股吹大气，全国都听得见，说什么美国有原子弹，他大哥赤俄有原子能，比较原子弹厉害好多倍。吹的，他大哥的屁都酥脆甘甜，香喷喷的。

准备的好的方针政策是决战！能和平吗？千方百计的设谋，找问题，互不进攻还偷着进攻，阵地谈判边谈边进攻。勤袭偷攻，国民政府不是不知道，情知打也必败，还不能不打就认输投降。如果认输，放下武器投共，国民政府那些将领能容忍吗？那就有求必应，必答照办，给天下人看，叫天下人评论，谁是谁非，自有公论。公论他也不承认，只有申公豹说的是真理，别人公认的，都不是真理。

使劲的粉饰他大哥，是他的靠山，拿着吃亏上当，认便宜偷袭攻占了张家口，又进攻大同，围困四十九天。傅作义守军不理会你们那小米掺肉蛋，只是用铁弹碰你的肉蛋，不知多少弹丸碰破四十余万活肉蛋，嗬，畅快了，也没挟来步枪，小米也白搭上了。傅作义还致电问你，说，这四十多万的性命，算是你杀的呀，还是算我杀的呢？你怎么吧回答呢？

向全国全军全民宣称，苏联老大哥，老大哥的长辈，是什么辈呢？都是老大哥，还有否大小辈呢？父子同辈，祖孙也同辈，一堂混乱，老少一辈，好称呼，是吧？

划区打内战　分地强扩兵

1946，中华民国三十五年。土改，就是土地改革，按村中现有人口嗬土地，平均每人能够摊多少土地，多有的土地，拿出来给人多地少的人家。这样分配是很好，民生主义啊，耕者有其田嘛。有阴谋诡计在里面暗藏着呢。分给你地，是把柄，用来强制扩军，你说，我不要地，我也不来参军，问你怎么害怕呀。你要不要地，是两码事。来了，是一律全杀。不问是谁要谁不要。扩军是自愿报名，你不参军可以不报名吗？那有什么要紧的，地还是都得要，不要还不行。你不要地，我们的工作没法上报，那么就要吧，反正要啥也不吃亏，要了地，他们就有你的把柄拿在手里了，定成份，划阶级，地主富农上中农，中农，下中农，贫民，雇农等七个阶级。地主富农是敌对阶级，对他们监视限制，上中农中农是团结阶级，对他们放松点，可以自由。贫下中农雇农等是我们基本可靠的群众，天下穷人是一家的，自己人，咱们开贫下中农大会时，不许他们参加，也不许偷听，严密监视他们，另外还有反革命分子和坏分子，也都监督管制。分这么多阶级层次，还说是自由平等，贫下中农不许和地富反坏分子家庭结婚。混线自由吗？平等吗？既不自由，更不平等，全国性的大监狱，各村式的看守所，往那去农会开条，到那里没条，不让进村！到处锣鼓喧天的，说理斗争。说什么理呢？穷小子们一面说，他说的都是理，得找出你的毛病，没有毛病怎么？要你的地呢，要你的地，你剥削穷人，欺负老实人。这时候，穷人老实人都要翻身做主人，和你讲理斗争你，有什么充足理由，不许开口听我们穷人说，哟呵，这就是叫说理。

刘福昌老实人，找不着他的毛病，他一个族叔提说他在村后别人地里拾粪，剥削别人，气恼成疯。波罗寨村，斗争李宪洲，说他剥削穷人，他问谁给我做活，我没给过他工钱吗？无人回答。又问，谁和我借钱借粮我没借给过，要过谁的利息吗？仍然无人回答。还问我拱过谁家地头子，侵过谁家地边子呀？主持会场的人一看要坏事，没人办理，这斗争会怎么开，就发言说，你住嘴，不许你说话，就是这样的！叫你说理斗争，他们一面说，不叫你说，他没有理了，你就不能说了，叫你住嘴。

扩军也是自愿报名，不报名也不行啊，就得报名，每天召集青年们开会。题目是一样，都是扩兵。你沉不住气，一着急上火，真他妈的，老是扩兵，扩多少兵，还有头没有尾，就上当了。真他妈的，我去。好好好，又来一个该死的小鬼。是来多少要多少，来者不拒，这前扩军不要全家了，早些时候全家都来也行。什么？老幼妇孺哑巴，跛子瞎子聋子，是有脑袋，能吃饭的都行。小米加步枪啊，没有脑袋装小米，怎么挟来步枪呢？所谓小米加步枪，就都是这样挟来的。

实在不行啊，他还有绝招。冬天把炕烧得热，热得像煎饼烙饼似的坐不住。找来开会，先讲明白，今天这个会还是扩兵。这几天来嘛，我看出一个情况，大家伙都有意报名啊？不好出口，今天吧，你甭说，你坐在炕上，稍微动弹动弹，就算你是报名参军。你不去吧，坐在那里别动，你动就算是报名参军。好了，听明白了吗？上炕吧？这晚上啊，都报名了，炕热，坐不住。你再说别的呀，他不听，他扩兵，有指标任务，只许超额完成，越多越好。完不成不行，争取入党嘛。给了你的任务，完不成能行吗？入了党就等于皇亲国戚一样，可没有皇亲国戚那样享受特权，这是什么都得带头，领先去干，否则开除党籍就完了。我婶母，妇女主任，嗬，极其郑重了，一说就是俺，这是官呢，挺当回事。

斗争地主，我家是地主，她带头来翻来斗我妈，捆绑吊打翻箱倒柜。我屋里有个板柜，老婆死了，我也逃走没消息，板柜抬出去，分给穷小子们。没有贵重物品，有也拿去交给上级。给你们留下点破布烂棉花的。嗬，分了他们给你点撑撑嘴，像团场打猎似的，有好肉好皮，人都拿走了，鹰犬只嗅点血腥味道罢了。斗争完了，仇人惹下不少，官也被撤职大吉。啥也没捞着。出现贪污，上庙烧香起誓，谁贪污了死他那。心痛的，好。春恒俩儿子都死了，姑娘哭喊闹。你们都看看，申公豹干的，沟多吗？巧妙啊，什么也不给你，你就拿几个光荣，模范，英雄，功臣，入党等等虚名无实的名号，利用这些傻小子们，都拼命的往里窜，是什么原因呢？

你说话不加考虑，也有人挑眼。有一次在工房子里，等着上班。一个人说，哎呀，这炉子真好，真暖和，我距离太远。

哎，这能算个什么犯禁话呢？就有人挑眼了，说，啊，你是说党的恩惠宽厚很大，你拈的不多，是吗？我听着，嗬，真他妈的，挑毛病有的是，这就是说，欲加之罪，何患无辞啊。我得是少说话，多干活，嘴又笨眼又拙，出身成份也不强，别叫这些小子们扣上帽子。被扣上就够呛的。

日寇投降完蛋了，中共中央和国民政府，于公历 1946 年 1 月 13 日在重庆召开政治协商会议，论功分地就是了，蒋中正问怎么区分呢，申公豹还表示挺客气很让步的说，你说吧。蒋公说，以长城为界怎么样？他问谁北谁南啊？蒋公说，我南你北啊。申公豹说，那不行。北太少。蒋公又说，黄河为界怎么样？申公豹说，欢呼弯曲太大。蒋公说，陇海路东西平直。不行，再就是长江吧？不行，那就没法说了。长城，黄河，陇海，长江都不行，还怎么样呢？那就是海占武修炮台，依你之见呢？申公豹这回张大了嘴，说，就这样吧？这个现在区分不是三十一给省吗？广东省拿是你的根据地，我不要，我派一名副省长就行，其他各省啊，都给我，你看怎么样。行就行，不行也甭谈了。那还怎么谈也是旧县街，没成。

中共回延安的飞机中途失事，三十多人全部摔死，人们都说是作孽多端天报应。村里那些穷小子们望空望了好些日子，纪念。他们说，没天也没神，申公豹做了神主，旁的神都躲避不见了。

这时的协商就不是在西安张学良演政变时的那样好协商了。那时申公豹是四面受敌，八方受困，朝不保夕，疲于奔命，老豆过关，咋好咋好吧，只要停战不打，百应百搭。张将军送蒋介石坐上飞机走了，周恩来还站在机场上哭张学良。这回用不着张将军了，就一个字不提了。做贼的都是这样的，得势便猖狂，失势便投降，两次合作你都叛变了，还能再三次合作吗？不能！如果能的话，也得是投降，在你名下，为奴做婢，奴欺主啊！不谈了，打吧。打就打吧。申公豹正在急攻大同不下，国民政府军出南口攻宣化抵达张家口，收复张家口大同的围困自解。挥鞭直指延安，收复了延安，攻克长城内外，李运昌都逃窜无踪，国军方面缩军整编后，人员充足，武器精良，所向无敌，出师必胜。

共方只有避战逃窜，并无还手之力，光挨打不能打人了。东北方面攻克沈阳抵四平，越长春扼吉林，下安东等城市，哈尔滨也吃紧危险，毛泽东密匿鼠洞，不露面了。他那扬眉吐气的气势不知道到哪里去了，也不见了。有一段时间，济浦线通车，郑平通常，北宁通车，等等都是短暂的几天。北平天津的市民商家都为之一喜啊。农村匪区扩兵来紧了，每天没别的事，就开会，就是扩军兵会，小赵庄有丧事我们去抬棺回来的路上，闲谈莫论的说话，我说你们都翻身了。嗨，他忙接上说，你也要翻翻身哪？我一听，坏事，赶忙说，好容易的从翻了，别再翻了。就谁也不出声了，各怀心事，都在不言中啊。各打各的算盘，大多数怕扩兵，他打的是，有准备的这几个人。晚饭后请我到他家喝酒。在他家斗楼上，还有区助理，大茶缸子，一缸子酒，旁边什么也没有，咸菜盘也没有。我说，在外边时间长了不行，我娘不让。他说不要紧，一会儿我去给你说去。我说不行。下房洲了。这一关挺过了。秋头上扩兵上紧了。他们插点子，要扩这几个人，不去是不行了。有人透露消息，非走不能脱，走又没钱。七个人，伪造证明信，早预备好的。他们六人有钱，我分文没有，路上有熟人店，没有人查问，到沧县上了火车，放下心了。

到天津，在同利生铁上厂住一宿，次日去韩柳树，傅滨德家，他是地主逃亡户，割秋地。我农活不行，强干十几天，有钱了。回天津香店摊上。哎，来路子了。要兵。好。报名。五十万元法币，金价十八万元一两，俺两人，一百万。由滦州到迁安县，农历十月十九，中共猛攻，一个营和县大队，中共人海战术，小米加步枪啊，来八个团，超三十倍，激战十几天，飞机送弹药，一飞机装三十余车，一个小山头上有护桥的小据点，住九个人，一支步枪。共军两个营猛攻五夜不克。他的小米加步枪两营没加着一支步枪，奥，小米不硬，多掺点肉蛋就行了。

国军方面兵员补充跟不上，征兵。征来的兵厌战，不愿意打仗，临阵缴枪大吉了事。回家不找不问，以后嘛，抢兵。抢来的兵绳捆绑。送来的兵打仗还能捆绑着吗？没打仗时，人员枪支不少，打仗就散了，枪支弹药丢天盖地，打日本鬼子啊，国际民族战争，同仇敌忾的，气盛，打八路就不行了。中共动员参军，甭管用什么法，得叫你自愿报名。报名了你再不去就不行了。跑回来呀，村干部抓着你，没退伍证，在家住不了。去国军呢，你逃回来村里给你祝贺，平安回家。这样两个相反，岂能不败呢？这是政治上的失败，不是战斗的失败。初年战无不胜，攻无不克，守无不固，一年以后，形势相抵。二年以后，逐渐退败，妄想措施，紧急措施有效措施结果措施也都无效，无能为力，越战越弱了。节节败退，我也在内。迁安县一战后，九十四军第十三团三营参战，一个营和敌人八个营相持十余天，敌人败退，九个人守山，战败敌人（中共）两个营的围攻，能战斗的部队缺乏补充，再加上纪律不严，扰民。一次商民赶集，沿途检查有一捆毛线被班长偷取，打他那个小孩。小孩哭得可怜，我不忍观看，急忙避开去，到处惹民愤，岂能长久呀。

中共不是战斗力强，是补给及时。兵员无限度跟来，小米掺肉蛋来挟步枪，仰仗肉蛋装小米，有的是肉蛋，装不完的小米，碰铁弹。碰完你那铁弹就挟来你的步枪了。你有精良武器，上好的铁弹，没有人也不中用。敌方器械不精良，饮食不强，穷光蛋一个，就是有人，穷小子们就是认卖命，认干，不认也不行啊。打仗回来开会检查，先检查自己，有无缺点，再检查集体有无反革命，胜仗还好点，败仗啊？肃反！深入肃反！肃反肃到谁身上，他就是反革命，拉出去就枪毙，概不容情。鉴别无效的，也没人敢说情。谁给说情，也连累上，也是反革命，一律同罪受处分。平常和你们耍笑闹玩，抠腚沟摸乳房，一痴一笑的，认起真来呀，亲爹亲娘都不认识了，所谓狗脸，翻脸不认人。他们是狼脸狼心，翻脸谁都不认。慈不掌兵，义不积财啊。俺那村的李德江次子跑回来，农民会主任刘善恒强迫送回部队，以后邮来光荣烈属证，别人认可呀！他娘哭了好几天。不哭了就上主任家里去骂。逢年过节更骂得厉害，每天如此，风雨无阻。下年又过年了，主任托人说情，叫他过个消停年，您也休息两天。行，饶他两天。以后主任死了才不骂了。

光荣，英雄，烈属，照顾优待等等什么的，都不如有人。毛泽东用此人海战术，死了那么多人，他一点都不心痛，他儿子在朝鲜战场上牺牲了，一听就过去了，事不关己高高挂起呀。迁安县战后九十二军一个团接防不久就失守了。我看好了，必败无疑，投敌有荣，也许必死。哎。忠臣不事二主呀，那就得过且过吧。在宋家营自卫队，月薪四百斤苞米，行啊。

你那些信徒都有各自一派的私心，互不支援，各自为战，士兵在战场上各自为战行啊，表示这个部队训练有素，兵精善战，将领不能互相支援，挨打的光挨打，享太平的太平无事，观望祈祷，可别往我这里来呀。打完了他，你也剩不下，逐渐的各个击破，军不护政，政也不支军，各干各的，莫不相关。王耀武在济南独霸独尊，李仙洲来支援他，他不迎接，以致中途被俘。后来两耳光把济南也打掉了，他也被俘了，都完结了事。

申公豹的铁幕，谁都插不进手，共产党的民主，民才不主呢。多党政府党更不多，只有共产党一党专政，他还在叫喊什么多党民主，娄底市人民代表颜耀明带上去人民意见，被监禁五年，放出来还叫你当代表，还敢带意见吗？得围绕着上级意志带啊，否则还押你，再坐监，就成了坐监代表了。

孙连仲在北京，罗军长中途求援突围，他不叫突围被歼，孙连仲的小夫人走私卖放五千挺轻机枪，你这些将领们，都贪色受贿资敌投敌等等的，恶劣习气，还想不败啊？岂可能的。

我在宋家营时，每天夜间有四架飞机，由西北向东南飞行，人们议论，这是支援长春的援助物资，共军占领四平围困长春，严禁民众偷送食物，又布置沈阳围困之计，一天没有飞机飞过，我说长春失守了，郑洞国降共，淮海之战已成日本式的孤注一掷，平津大城市居商民众都是盼望，真实的谁也不干，只是说，这一回仗打不好就完了。小米加步枪，光是小米吗？串通了，高级将领的如夫人，小太太，一次走私五千挺轻机枪，那能省下多少小米啊。就这一回吗？就他一个人吗？青年少女一说，给他入党，那么就什么都舍出来了献身，献出宝贵的青春生命，这都是毛泽东的法宝，污毁了多少青春少女，多少青年壮年，都给小米加步枪挟去了。

1948 中华民国三十七年，河北省据点自卫队，都升级编成保安团，宋家营自卫队也编为保安团，小集邱国珍任团长，马兰亭任营长，卢绍政任连长。

长春攻陷围攻沈阳，先攻锦州。攻锦州先攻西北山，展开激战数月之久，称辽西会战。一天夜里一声巨响，是炸毁滦河铁桥，白果树上的乌鸦一个也没有了。平常每晚都聚焦在白果树是，人们问，乌鸦全哪里去了呢？头几天去天津，他们约我在塘沽上船去上海，我想啊，到上海找谁啊，没依靠，还是回唐山，东车站上车。有个人抱着小孩要钱，还说他是大学毕业，我有几十万法币都给了他，又有个老太太讨饭的样子，问我哪里去。我说去唐山，她对我说，哪里去听听看看别瞎胡走。我明白她的意思，是说八路要进关，别往东去了。

我想被困在天津怎么办，如果也像长春那样似的，吃什么。还是去唐山更好。到胥各庄住两天没事，回宋家营，天黑没进据点。次日晨，王润田等几个人喝酒，我有两元金圆券买酒花了，再没钱了。回据点，遇到顾子明，问我哪里去。回说，哪里也不去。他说稻地大桥上站岗的，也不知是哪面的，出发的队伍派人找回来。我到据点里，拿出行李来，队伍回来整装出发，都走了，再进去看时，有几堆白果。

王润田叫我给他找车回家。找个车，他说，大哥呀，你真叫我去吗？又放了，回去说找不着。房东董吕祥说，甭走，在这里怕什么。你们走，我们往哪里走。不走，就不走吧。进据点到地堡看，有八双万里牌胶鞋，隔墙扔进后院。转过去，他们分没了。到半夜里，锣鼓喧天的进来了。三天后召集开会，没讲什么，没事。去拾柴火，备扁担，绳子镰刀，耙子，一挑子换十来斤苞米，找区政府。他说，你在那里住吧，没人找你就是了。再找又说，政府这么需要你，你怎么不向政府靠拢呢。哦叫我参军啊？

打败了日寇，全国全民全世界都得到胜利，太平了，就是你们赤字不让太平。你们愿意流血，你们有血流吧，我不给。你们当肉蛋挟步枪去。

清明节气到了，捡柴也不行了，地里都是水，这怎么办呢哎。唐山有招工的，住在裕丰饭店。挂工去吧。找着片长和他说挂工的问题厉害关系。片长同意，又没法写，给他出招写了介绍信，还是我自己写的介绍信。挂工胜利完成，照顾路费，食用等。到工地时，有家属的，房，水电等一律免费。其他自备。沿途每人每日三元东北币，给我六元。

国府出大陆，重建忘国府

北平天津被困，国府迁都退出大陆。拉萨不行，海南岛不行，最后台湾。这回行了。到台湾不久就破获了一座电台，是从成都迁来的，也不久，是匪电台，能够同莫斯科和海参威通电。破获后能保持联络电讯，就不是那样了，答非所问。

到工地，是煤矿。民国十八年在这里。矿区不大，之前矿区大的多了，也多个，太平，五龙，高德，孙家湾，平安，新邱。那时只有新邱一个矿，我发誓不下煤井。下煤井的人是埋了，还没死就等于是活埋。当兵，是死了，还没埋。是了没埋的人还能活？来了就干吧。和一个广东人，姓陈。俩人一班。他也不正干。四月十八庙会，写上工号就上来，才九点赶庙会去。下午三点去交工具牌，灯盒子。问你上来这么早，答说灯坏了，看不见。以后调大场子。后来不敢上班，高处不见顶，没支柱。掉一块下来就没命。把我调到食堂做饭，挣钱少点，也是百十来分。行啊，反正这些穷小子们能叫你挣多少钱呢，一分之值吗？一寸布，三钱豆油四钱盐，一斤六两小米，五斤半煤，五种商品价值合起来是多少钱，一份可供一人一日生活，每月九十六份，两次开支。每月五日开上半月支，十三号借本月支。不久食堂摊煎饼，我和元长琼俩抱棍拉磨，增加 26 份，每月一百二十二份，即无公休也没加班，干净挣 122 份。食堂主任寇轮卿，每天下午都有几个工人和他辩论说，赤俄拆卸中国的机械的罪恶等情形，他反驳，强词夺理说，苏联老大哥他和毛泽东是一样的口话，拆旧的去，给咱换新的来。你们信不信，都说不信。给换新的来呀，得是拿钱去买，还不一定是新的。回去刷油上漆，嗬，新的，骗了你。还真给新的呀，没那个事。老大哥净摸索弟媳妇，还老大哥呢，别日蛋了。傻小子，毛子就真傻呀？比你精百倍。大伙和他说一阵子。

1949，中华民国三十八年，大陆民国告终。公历十月一日宣布中华人民共和国成立大典。亡国奴当上了，带来四个老祖先！每个工人奖赏一万东北券，蒋介石给打走日本了，自己也退让了。中华大地全归所有了。该叫老百姓太平了吧？不能！多早晚能太平啊？三十年以后再说吧！哪，你这辈子不能太平了。不能了，我是干这个来的呀，要是太平了，我有多么的难受呀！我受了三千多年的风霜，两大的痛苦灾难，我叫他们受点苦难，这才几天呢。

申公豹没忘记他在庙堂上所遭受的痛苦，一定要拆庙砸像给他自己在北京单独修一座庙，有几个活小鬼活死人伴侍着才觉得满足独尊。谁知道北京天安门前广场上就看见毛泽东庙在那地。八四年我去过多次，那时不要钱，是变相的要钱，我也变法的不给钱。几个人轮流进去，带的物件不寄存，寄存物品要保管费。以后他们改变方式，还是不要钱，卖给你花，叫你献花，放那里就走。他们再捡起来，再卖给别人。你不买花，给你扣帽子。

秋后食堂人多了，分成两班，上午下午，矿场里堆积木柴，三十万元卸一车，我和冯秀章俩人，一小时卸完一车，挣了三十万元，分得十五万元，比干日工强多了。寇主任这小子有意见，以后不干了，食堂散摊子了，都分到各房里做饭，俩人一房，一人管卫生烧炕，一人管炊事，这也长不了。他们就是这样折腾。

1950，按说是中华民国三十九年成立新国号，就不能再提中华民国了。按新国号是公元制，得有个新的太平气象啊。更糟糕的是，发动朝鲜战争。开会，动员入朝志愿军。声称是抗美援朝，朝鲜是邻邦，唇齿相连，美国侵略朝鲜，如同侵略我们一样，我们得重视朝鲜，支援朝鲜。

中共向来是这样的，说得呼号乱叫，叫你看不见真实面目。实际上美国没来侵略朝鲜，是朝鲜共产党想吞并大韩民国（南朝鲜），约会中共助力。

中共就大肆宣传叫喊，想把战争责任推在美国身上去，说成是美国侵略朝鲜，中共发起援朝号召，毛泽东说，搬起石头砸自己的脚，形容那些蠢人的一句俗话。毛贼是很聪明的，最聪明的人这回聪明反被聪明误了，吃大亏，上大当，还在朦胧中不觉得呢。傻毛子，毛子不都傻，也错过攻台之良机。那些傻小子们在朝鲜争英雄，达到三八线的是英雄，达不到三八线的是狗熊。达到三八线了，后路被卡断了，回也回不来，弹尽粮绝，投降被俘，把美国招来了，又招来十四国兵马，加上俩中俩朝，共有十八国，真如秦穆公十八国临潼关似的了。

金日成约请斯大林助吞南朝鲜，俄共不允许，是想助中共吞台湾。问特务装电台，蒋军部队有否美日军事顾问，回答说，有，还很多。又问，有无台独，就是独立派。回答说，没有。斯大林认为是可靠消息，意识到攻打台湾不利。次日再会，有人向斯大林献策说，叫金日成吞并南韩，他力竭时他必然求中共助兵，两方面的实力都能看清楚。苏俄进兵时就可一举两得了。斯大林老贼问金日成小贼，有否必胜条件，答说有三个必胜。联合国兵复员了，再动员集合，人心涣散，集结缓慢，二，我们不隔江海，容易过，三我们有十万先遣内应，打起来了很快就可制胜。他们来支援南韩也晚了。这里也完了，来也无用了。计算得挺好。若攻打台湾，国民政府就完了。天挟其便，破获特务电台，代答情报赤共，共同错误地认为攻台不如攻打南韩有利。大举攻韩，这也是天命所使，台湾同胞的洪福，中华民国的国运，蒋大总统有天分。

巧妙施骗局，朝鲜战争开

中共巧使这些穷小子入朝鲜争英雄争光荣。彭德怀挂印为帅，毛的儿子随征，回来就接班。毛家一统天下，无人敢争啊。比秦始皇把稳牢靠，想得倒是挺好的，天不容就没法可想了。

1951 年大施骗局，福建前线驻军百余万众准备攻台的部队被骗来攻韩（参战）。骗，也得有骗得巧妙。集合讲话，同志们，咱们的装备太古老了，需要换新的。到北京去领。咱们首长先去了。还都挺欢喜呢，毕竟换新武器嘛。又说，同志们，请放心，中共放心得是注意听，放什么心呢，由我来担保。这个换武器装备担什么保呢？保证不能叫你去朝鲜。人们都暗想，坏事，非得是去朝鲜不可。上了火车都是闷罐车，到北京没下车，也没领装备。住两天又讲话，还是他，说：同志们，这地方的装备，友军领完了，咱们得去沈阳领了。首长先去了。又是首长先去了，我们随后也去。同志们请放心，由我来担保，保证不能叫你们去朝鲜。人们都暗暗说，非去朝鲜不可。下午开车也不知道是什么时候，到了沈阳，天亮忽然拉警报。在车上睡觉的还没醒来呢，他妈的什么地方啊，怎么还有警报呢。甭管什么地方啦，下车躲警报，解除警报还问，怎么这里老百姓穿白衣服啊。哦，这是朝鲜，高丽人穿白的，薛礼东征留下的。哎。那个保证人呢？他不担保了吗？嗨，我早知道，他担的就是这样的保。傻子！傻子？我才不傻呢。他一说担保，我就猜透他是骗局。共产党。

共产党都是骗局，这是骗局，大骗局还藏着没露出来呢。俄共中共两共合作，俄共出武器，中共出人，帮助朝共吞并大韩民国，也没吞下大韩民国，造成了极大灾难。

联军战朝鲜 镇反大屠杀

1951 年编排骗局已经形成，别无他虑，意识着必胜速胜，哪知道相反的情况来了个败绩，给中朝两国造成莫大的灾害，韩国大遭难。

中共方面入朝部队伤亡不算，国内大屠杀，镇压反革命，大批捕杀，入朝犯罪还回来的，更为严重。有人告诉我，公安局逮捕，经过审讯，不属于反革命案件的，在公安局听见有人哭诉，在朝鲜战场艰苦情况是几天吃不着饭，到老百姓家里找点吃喝，给往网上线上拉，苦难白受了，生命也难保了。哎哟，死就死吧，反正早晚也是死，我转送法院就不知道之后的事情了。

毛泽东老贼帮金日成攻韩，中国无故死亡数百万人。国内还自杀屈死无数。五一节阜新公安局和法院枪毙三百余人，其他地方不知多少。辽东省（安东）更多。老贼，口口声声说，人人为我，我为人人，人人为他替死送命，他为人人招灾惹祸。斯大林老贼净叫他吃亏上当，世界大战后救济物资不叫他要，说是侵略。听了不要。斯大林老贼就全要了。这回朝鲜战争又叫中国出人，斯大林老贼出武器，以后这笔帐还不知道怎么算呢。傻毛子，倒是谁傻呢。日本投降发两个财去，一个是日本遗产，二个是联合国的救济物资。这老贼不能得好死！

三反五反起，胡言加乱语

1952 年三反五反运动，反贪污反浪费，官僚主义也在内。李国栋在铁工厂劳改，来俩人叫去吊打一顿。一问呢，不是他，是另一个人。白挨了一顿吊打。这个事往哪儿去诉呢？

中国人在共产党管下，时刻都有危险性。他说，是解放，平等，自由民主。说的天花乱坠，做的是男盗女娼。党内自杀的无数，不被敌杀，也被毛贼杀。说是解放，名堂挺好，还莫如吊打一顿，一脚踢出去，啥事没有呢。他这个解放嘛，有点事情和你没完。上查三代下追本身。平等，怎么是平等？党，团，地富，中，贫、下、中、雇农等嘛这些层次，是平等啊？自由，什么叫自由？这比坐监狱还严，执照，路条不离身，就是自由吗？还得是出必告，返必面，比孙子还孙子，这么自由呀？民主，你把老百姓全煮在锅里了，还说是民主，民主了个啥呢？喊毛主席万岁，喊共产党万岁也民主？毛泽东老贼判处抗日将士半年有期徒刑，劳动改造。抗日犯什么罪，这表现你对抗国民政府！不抗日，捐款买飞机，干啥？入朝攻吞大韩民国。

经济大建设，一五起计划

1953 年斯大林助华经济大建设，一百四十八项重工业，又增加十六项，一共一百六十四项，把将去的日本遗产再送回来，发个更大的财。派来专家人工也发个小财。傻毛子们比谁都精，更聪明，想的再好也没有了。天不从人愿也就没法。不久三月突发暴病不能营救。世界各国是赤贼工具，医生都坐飞机到莫斯科抢救斯大林，无效死去，好！

世界上去了一个祸首，朝鲜战争正激烈进行，为之一震。联合国军攻克平壤，北朝鲜就有灭亡之患。中共也慌了手脚，用不着忙乱，是瞎忙。国民政府已无力返回大陆，正在整理防务，防备挨打。再就是整民情和军中士气，无力顾及大陆。要紧的是朝鲜，赤俄。

金日成贼小子助毛攻夺安东，又算计三个必胜，怎么样，都成空。中共那些该死鬼，达到三八线，攻下汉城。没计算到，美国驻台第七舰队是武装备战的，闻讯，倏一下子就来支援，仁川登陆。金毛两家都慌了手脚。毛共军被俘，金共军被歼。斯共军毙命。斯大林一死，中朝无依靠了。

十八国的兵马在朝鲜半岛上凶兵恶战四五年，老百姓遭受多少灾害痛苦啊。毛泽东贼子，捐款买飞机入朝助战，战场上都说，你们捐的钱买飞机来打仗啊。好小子来吧，咱们打。以后又说，捐的钱退回了。退给谁了？净他妈的撒谎。共产党要去了钱，还能有退吗？头一个五年计划宣告瓦解。

赤俄莫斯科闹政变，互相残杀，鹿死谁手尚难预知，中共大建设也建设不成了。朝鲜战争无援，失利。彭德怀电告毛岸英阵亡，侍卫人员先和周总理商讨办法。周总理说，你看主席喜欢时再和他说明。啊，可是，这天看主席喜笑颜开的，很高兴似的，大有百万雄师过大江之势的气魄，好机会。凑上去说，主席，彭总有信啊。

什么事？岸英。怎么啦？立功了？不是。负伤了？不是，牺牲了。毛贼一听，牺牲是没命了，二话没说，哐当，栽倒在座椅上，断气了。哎哟！儿媳妇也抱着大腿，没气了。这爷儿俩。如果此时同时死了，该怎么说呢？

这个报事人也疏忽大意了，心想着报过多次类似的情况，某次战役伤亡若干，某战场伤亡多少，都是若无其事。是的啊，怎么这回就他儿子一个人，就这么心痛了呢？可真也怪，那死多少人都是人家的孩子，与他何干，他不是说过，事不关己高高挂起吗？这回关己了，能不痛吗？如果真死了，该有多好呢。中国人会少遭多少灾难痛苦呢！不能，他的冤孽还没做完，能死了吗？攻占了沈阳时便有个疯子在街上喊，活了七十七呀，八十八啊，可没见过铁道搬了家啊。可真的，谁看见过铁道搬家，毛泽东能叫铁道搬家。

日本鬼子投降，放下武器回国，不和你中国打仗了。我们走，什么也不拿，啥也不要了，都给你放下。毛泽东不叫走，拆铁道。铁道都搬家了，神通广大，佛法无边哪！

1954年上年秋后，我回家。一家四口冬天几个人合伙做个小生意吧。他们俩人和亲属加工，我任销售，做绿豆面条，磨面剩下的渣滓喂毛驴。获利不大啊，比闲着好点。赶山东集，买来几斤挂面，二角钱一斤，出售是三角一斤。不好买，只许买一斤。是出街路口，胡同口都有人查看，得是山东地方的人。外地人不让拿走。听吧，这就是自由。物资不许出境。不许出境入境的物资也不许可，得是本地产，在本地销。赶山东集，买几斤挂面配上几斤杂面条，挑着去卖吧？清晨走出二十里路，到尤、姚郝庄，出来几个小子问我挑的什么。我说面条。多少钱一斤，一看，这不是好小子，没敢多说价钱，照成本说一角五分钱一斤。我都要了，来吧。我想啊，今天挺痛快呢。到那是范家屯区部。你放在这里，回去开介绍信来拿。回去到家就是下午了。次日托个人到那要出来钱。这次没赔钱，也没赚钱，也没搭人情，白搭一趟腿。这也是叫自由。买不行，卖也不行，出境不行，入境也不行，憋死。这叫什么自由，丫丫葫芦进屁股，进出不能。

他们不都是见人小一辈吗？这怎么这么横了呢？噢，这不是那时候啦。这时候，得是见人大三辈了，找回利息来。巴枯宁说，一切的政府都是欺骗的，不错！

农村搞互助组，三家五家八家十家都可。去桑园修河，回来阜新那个小子来信，是和我打官司。我得躲着他呀。村里有人叫我和他烧窑，也不敢烧了，走吧。我家里人都排外我，声称来信叫我回去上班，就走了。我说，去东北就好了。那年各厂矿企业等都受大建设的影响，大量招人工，生产任务大，不招人完不成。我那爱人要去西北，去东北怕被抓回去。

53 年赤俄政变，赫鲁晓夫获胜，把那些毛子都杀了。在中国的专家都调回国。中国的大建设停顿。朝鲜战争无援失败，志愿军不得不讲和，回国是自愿了，不回来在那里等死吗？这回不回来呀，朝鲜妇女们很愿意留下他们，这几年来朝鲜国内男人剩下不多了，百十个女人摊不上一个男人。斯大林金日成毛泽东等，这三个小子一句话造成这么样的大灾难。斯大林一死了事。要不死呀，还不知什么样呢。就得断根灭种了。这百十来个女人摊上个男人，还不一定是老是幼，中年男人都扩兵抓兵去挡炮眼了。

巧收工商业　强谋个体产

中国大地上仍是胡乱折腾。天津市长黄静，副市长，干一众工商人士们猜测说呀，噢，叫咱们都黄静了。大伙干一个呀。还真猜着了。以查税为由，收你的全部财产。有点漏洞，按你铺户所值超出许多倍，处罚你拿不起，就只能交给他全部财产。他还不收，支持你营业，干到多会能够他拿的呀。给他们吧。狠狠心，眼含痛泪，还得是满面陪笑的，祈求他收下。收下了，还得是搭他个人情面子，自愿交公，还和你讲清楚，公家不收你们工商业，支持你们经营业务，繁荣市场。那你自愿交公也没法不收了，送你个人情，实在没漏洞，也想法引诱你，自己说个就窜上不放。

正兴德茶叶庄，百来年历史，税务上从来没有漏税，天津市税务人员都去了查税，没有查到漏税。回局交待，局长说，怎么？百年来没漏税？明天我去。明天局长去了，一进门，有人介绍说，我们局长来了，这是我们局长。啊嗬，局长来了，好，沏一壶好茶招待局长。这些穷小子哪喝过这茶啊。好茶啊，一闻喷香。嗬，这茶叶好，多少钱一斤。啊，这茶不卖，也来不多每年也就来十斤八斤的，自己柜上待客送礼用点，不外卖。噢，是了，这是自产自销的。嗯，这个，甭上税。行。这个甭上税，真好假好吧？他给说的，挺圆满。好得像朵花似的，还给免了税。人都是架不住恭维。啊，这个茶没上税，你顺着杆子一爬，上他当了。他引诱说，甭上税，你乐而忘忧，也跟着他说，没上税。啊，别的话他都不记，就是记得你说的，没上税。追根刨底，一年十斤八斤，来计算百年来能漏多少税，按现值多少，加倍罚多少款才能收你的店铺，大张嘴，叫你拿不出来，按你身价价值超过三四倍甚至五六倍七八倍，搓了你的骨头渣子卖眼药也不够。你哭天喊地都没用，还得恳求他。他要是收下了，你还得感谢，声称自愿交出，欢迎合作，同行业共股经营。否则不收你的，和你要罚款，限期交付，你拿不上，增加迟交费用，越加越多，越多就越拿不起，最后还是他开恩，你感谢，落个屌蛋精光算了事。自愿都是这样的，叫自愿。

强购盐田地　预谋合作化

不自愿也不行，更麻烦，痛快点还少麻烦点。这年有人告诉我，十一月一日，被捕结案，判处二年有期徒刑劳改，在盐滩执行。收滩的方式更巧妙，先说买，盐民制滩很困难哪，坚决不卖。他们自己修滩，私人滩号抽税，按产量每千斤税率997开。给盐民留下三斤，是市斤。私下卖不允许，可卖给他，每公斤价格六厘，外面供应食盐价格每市斤一角三分。盐田地区的人都不买盐吃，他也有招，按人口每人每月一角扣工资，你吃不吃不管，按月按人扣钱，这样谁也省不下。

盐民没法,收的不够他的,卖滩的他不买了,俺有滩不卖,丢弃盐田另谋生路。他们的收买方式,就是这样的收买。

1955 年收买的方式只是口头。真要钱吗,也是万难。他们会画圈,大着胆子画一个给你看,觉得不合适,这回,你同意了还差不多,你不同意呀,又缩小一点,就更不同意了,越缩越小越不同意越缩小。最后逼得你没有办法,一狠心,不要了,给你吧。还问你,是自愿吗?你还得说,自愿,不自愿也没法啊。

收盐田,收工厂,收商号等等的,都是这一类办法。先和你说,不同意啊,加紧,紧得你没法了就同意了,也老实了。不老实啊?鼓动一帮子人来开会,听取大家意见,讲民主呼口号乱叫,不叫也不行啊,把你揍一顿。最后还是同行业都同意集股合干。不只是同行业。不同意?购买者用户都不同意,我多走几家,挑选看看,驳价省个,听他说的热火朝天天花乱坠的,做的男盗女娼。你要问社会主义的社会怎么样,他不做解答,他也不知道是怎么样,瞎胡乱干。这么不行那么干,瞎折腾。折腾得手忙脚乱,那也不得闲,也干不好。瞎摸索瞎干怎么也不行。

1951 年换币制,万元版。55 年又换币制,一元抵万元。这回稳当了。毛泽东早就说,省工减料,找窍门挖潜力,减包装降成本,提高质量。质量没提高,成本降低了,物价提高了。苏联进口的花布,号召叫买。中小学教员带头买,一个小学教员穿花布衬衫。我问,男人穿这么花的布衫呀?他说这是苏联的进口花布,号召教员带头买,没说不买布不行,等他说出不行来就晚了,先买下点占着。

收买盐田。标准盐池四百五十平方米,横十五米竖三十米,每天正常天气旺产季节可产八千到一万市斤食盐,四五六三个月先说买一个滩号给一千元钱,带风车。盐民计算,买个风车就得一千元,白搭池子了。先卖的,行了,没给钱,给胶皮车，船，马匹等。给他搬运盐硝等，没卖的抽税，千分之三留给你，千分之九百九十七上税，产一千斤盐他要九百九十七斤，给留下三斤，卖给他每斤三厘钱。这样一算，没钱了。产一百万斤，剩三千斤，卖九元钱，能够干屁用啊。卖滩。他不买了，说，你们干吧。怎么办？拆风车走吧。你走了他就捡起来了。

冬季汉沽芦台等地都锣鼓喧天的鞭炮齐鸣啊。几天后有信了。干啥呢？公私合营胜利，庆祝公私合营就是那样合的，收买的方式也是捡来的，没代价的收买。他还有理说呢，你们不要走了，我们捡还不行啊。你要还给你呀。要得起吗？要了，你还得千分之九百九十七的抽税，又给你当奴才了，还不如不要呢。不要还清闲省点心。千方百计的制造困难恐怖，不得安心！

1955 年冬天，吴桥镇县法院调我回去另审，是原告又告发新问题。在沧州鞋厂暂住过年，讲，农村里成立土地合作社，是贫下中农成立的社会主义先进集体生产单位，一切地富反坏分子都不许参加入社，不叫他们沾社会主义的光。你们自己衡量一下，你们的家庭能否入社，啊呀，说得钢棒硬正纯洁精明瓦亮的，土地入股，将牲畜工具犁耙绳套等都拿来估价，投资三年还贷款。还不上，就抵贷款了。写申请，经过批准才能入社。

1956 年春，我一个叔伯侄复员回家，回来也是一个人，家里啥人也没有。在伯父家住着。复员有退职金一千多元，说媳妇吧，有房子没地。他父亲早全卖干净，饿死了。母亲也走道了。抓紧买地，大姨姐连襟给操办，买六亩地，地也买了，媳妇也娶到了。土地入社，也没捞着种地，就入了社。卖地的合算了，买地的白买了。买地入社，写申请。地富分子们谁也不申请。不入就不入，更好，不受你们管制。信贷社入股，每户三元。不入股的，不贷款给你钱。供销社入股，每股三元，愿意入多少入多少，不限制。不入股的户，不供应火油火柴。入股是搜刮手段，先给你来个恐怖，吓唬你。你怕不供给就入股。入了股你要贷款，也得他们开会商讨贷款多少也不能由你想贷款多少就贷多少。

供销社入股早在 1950 年阜新煤矿就有，一股十分（工薪分）。年终结账，赔了怎么能分红。一股给一盒烟了事。

大施阴谋计，骗民治黄河

1955 冬到 56 年春，一个冬春治理黄河。准备根治。日本投降后国民政府治理黄河，雇工治理，白天修的，夜里他们拆毁，还造谣说政府害民。

这回他们要从根底治理黄河。首先讲，治河规定，一方土多少钱，一天一人能挖多少土，能挣多少钱。骗局说瞎话他们会说，治理黄河这个工程动员了不少人呢。山东河南河北安徽山西洛阳郑州等，凡距黄河近的省市都参加治黄工程。

到达工地，又宣讲政策。他们多前都是说在前，干在后。先卖嘴，后卖肉。嘴值钱。卖出嘴去就欠钱。这个工完成后能挣多少钱，评上模范吗？奖给一辆手推车。开工后，每天推着那辆奖励车在工地段上走给大伙看，插着标语旗，授奖车就是这样的？！

嗬，车很好，能落着，得真出点力气呀。一个冬春，出的那些力气，冒的那些汗，无法计算了。累死的人嘛，俺那村里，乳名叫万，武庄社二，小赵庄我外甥女婿，仨人吐血痨症，终身废人，是谁也不管了。你再听，工程完后，是怎样的结局，欺骗完了。

　　农历四月忙种。以前回家收麦啊，劳力过度的废人还有多少也无法统计了。完工后人们等着拿钱啊。开会公布说，咱们这个工程嘛，没挣着钱。大伙一听没挣钱，心里想啊，出这么大力气，没挣钱。又说，没挣钱不算哪，每人倒赔十四元多钱。哎哟，娘啊，妈啊要命了。离家这么远，抛家舍业的，累死累活的，拼着性命干一冬一春，没挣钱还赔十四块多钱，拿什么给啊？天呀，这是啥天啊，就是这样天。以前以后，这样的事情多的很。

　　第二天又开会说，同志们，不要苦恼。苦恼有啥用啊，这么的赔款啊，政府不和咱们要了，呵呵，谢天谢地，多谢恩典，谢主隆恩，吾皇万岁。这还不算，另外每个人再给十斤干粮。多谢多谢，还有三斤咸菜。嗬，真好。我得磕头都来不及了。还有三元钱。哟呵，这可怎么办呢，磕头来不及，打滚沾身呢。我挤个眼看看吧。我这掉眼泪，掉泪也没用啊！

　　十斤干粮，一天二斤，不够。得省着点吃。三斤咸菜，多吃点咸菜，多喝凉水。三元钱住宿喝水也不多，快点走吧。慢了到不了家，还讨饭去吗？（骗了你还叫你感谢，真是大恩情）

　　这就是他的为人人，为你找工作，白干还得称感谢，给你一点吃的喝的，白给他干了一冬和一春的苦难劳工，泥里水里的。干完活，还得感谢他好恩情。那个奖励的车只是看了看，也不知哪里去了。叫你看，不是真的给你了。车也没捞着，钱也没挣着。鞋袜衣服都破碎了，行李也乱七八糟。到家给父母妻子孩子们买个糖块的钱也没有。哎呀，可怎么说呢。快走，还得是快点走。走的慢了，东西吃完了怎么办？饿着也得走啊。快走吧，别胡乱想了。想也没用，反正是自己家，啥都好办。快走！

　　就这样的，民主自由，收买雇工，好大个的欺骗成功了。挣钱不挣钱全在检尺员。检尺员叫你挣了就挣了。毛泽东共产党召开诉苦大会。这么大的剥削痛苦，怎么不诉苦呢？地主资本家都剥削，毛泽东剥削我们更厉害，也更狠毒，还不许说，说苏俄兵兽性行为都不行，你说他还行吗？巴枯宁说，一切的政权都是欺骗的，你受欺骗，他说说，你就上套了。你不上套他就骗不了你。你被骗了，也不能说。

1956 年土地社成立了。号召种棉花，五爱棉，收棉花去，棉花籽留下，不供给食粮，吃棉籽。棉农没法吃怎么办呢？给干饼。下年又号召种五爱棉。这回棉农们先种粮食够吃的，剩余的种棉花，再不上那样的当了。

农民年龄嘛，四十六岁，算老年，半劳力，少给粮食。干活吗，算劳力。吃饭少吃，干活多干，他有个口号说，小小的毛驴大大的劲，少吃草，多拉粪。

少花钱多办事，不花钱也办事。办大事修黄河就是这样吗。在去之前就喊叫，能够挣多少多少钱，叫你听了心欢喜。可去了吧，这一冬一春，在家白闲了，回来挣些钱，家里还没吃的，省了家里的粮食。去不上的，还急得大傻眼的。

到工地看见奖励车，嗬，可得卖力干。挣钱不挣钱，若能推辆车回去也行啊。干完活，倒赔十四元多钱。累坏的人，自己回家养去吧。这没人了，骗了你们了。

没吃购余粮 没畜瞎创新

钱到他手里了，你们回家骂，路上骂，他听不见，他们都有骂不散，吃上骂不散？什么也不管，丢人不丢钱，不算破财。

1957 年春天，人们都没吃的了。上级指令购余粮，还有任务指标，是主任务，必须得完成，完不成惹是不行的，得超额完成。社主任一村一个啊。主任开会讲，没有余粮就是买你的口粮，甚至口粮也没有，你卖了余粮再买口粮。还卖给你。俺卖余粮六分，买口粮八分，里外一搞，倒去二分，落个余粮户，对吧。欺骗谁呢？

噢，对外去吹牛，我们中国各家各户都有余粮，饿着肚子卖余粮啊？真成了张和尚卖带子，是的赔本赚吆喝，落个买卖人呗。骗局，他们都是骗局。

摸着点茬口，一扣到底。他们估计盛发有余粮，每天晚上开他的会，扣他帽子。可是这小子沉住气了，不着急不上火，慢慢对付，一个来月对付过去了，没抠出啥来。有天我也去了。问我，你来干啥。你还有余粮吗？那时我哪里来的余粮啊，口粮还没有呢。也真有有的。大李庄一个户，有余粮。他侄说，叔，你那粮食，卖给我点，我没吃的。他说卖给你？我卖给国家，有多么光荣呢。嗬，小老头坐上车，胸前有朵大红花，挂上号了。每天扣他，卖余粮。再说，没有。他不听了，扣的没法了，也真没有了。村里谁也不管他了。缺粮啊，这才是个开头，大缺粮还在后面呢。

过了麦秋去赶集。走到东塘，大帮青年铲地。正好到头。我也到了，把锄头往地上一戳，日他娘的，紧忙活慢忙活，收了麦子吃瓢瓜，假的吗？不是假，打场时得上报，成立社了，得有纪律。报几时打场，第几场，能打多少粮食，什么粮。批准后，场还没打完，县里派车来了，拉着袋子，站在场边等拉粮食。扬完装袋拉走了。种地时就做计划，下多少种，收入多少产量。

宇津县报称高产田，亩产七百斤，小麦秋种，待明年收。低产田没分开，都按高产要。结果连麦秆上称都不够。老百姓还吃得着吗？高产田超产二十斤，低产田赶不上，也按高产田收，还能够吗？老百姓的死活不管，只要交上去粮，钱，就行了，就怕他自己的官职掉蛋。赶紧上报。我们县里社里到了社会主义了，你要问社会主义是什么样，他也不知道，瞎蒙瞎撞，发明创造，创造的什么呢？新农具？播种机？铁锹把哇靠，铁锹插入地里，从上端空内放入几粒苞米或者豆粒，漏下去，拔起铁锹，踩一脚，这叫播种新农具。谁要说吗？他更有理，说，有权利革新，又发明绳索牵引犁头，一年内牲畜全死完，没有牲畜拉，发明牵引犁，嗬，在地头埋上立柱，在另一头插上犁往立柱上绞绳，拉到这头来，再用人抬回去，再绞，这就叫新式农具。

大量积肥，碾，磨道，开宽，粪坑，水塘，都挖深挖宽，厕所等地，牛棚马圈也都刨深挖大，制造化肥用豆饼，榆树叶剥碎掺土，打成像豆粒大小的粒球，命名为颗粒化肥，以后改叫颗粒旺。实际吗？也不壮，也不旺。

又一种新鲜做法，在地里捡土块，往高起堆，底大尖小，像坟头似的，中空留小门，又像灶门，烧火烙土块，空隙出烟，那叫抠肥，千奇百怪的难于尽述。

56年初成立高级社，苞米生了螟，用六六六粉治疗，用苞米干喂牛，全队28头牛全中毒死亡，全村一百多头牛都死了。

这年社员民众出来个口语说，队长队长甭着急，牲畜死了人拉犁，队长队长甭害怕，没有牲畜人拉耙，队长队长甭着急，没有牲畜人拉搂，队长队长甭受憋，没有牲畜人拉车。

也有人说，咱们到了社会主义了，吃牛奶喝面包，还有人挑眼，你别瞎几把扯了，牛奶能吃吗，面包能喝吗？说反了，吃面包不吃面包的，小孩子喝上奶了，他妈去当牛拉车拉犁，回来奶他，他喝两条腿的牛奶啦。日，什么话，哎，什么话，那你说是什么话。不是吗？你媳妇去拉套，回来再奶孩子，那叫干啥。申公豹老贼，叫咱们过社会主义生活，咱们的小孩先过不好吗？北京文化参观团56年4月出国，10月回国，由阿尔巴尼亚国三弟处捎来两套衣料，一挂金项链和金佩花盘，参观团办公室主任王守仁来信，等回信给邮来，我回信很长时间，不邮来也不来信。我怀疑他不想给了，又给外交部写信，说明理由原因。又来信要证明，从高级社开证明邮去。这回邮来金子说，衣料丢失了，邮来三十元钱做赔偿，还有住址房号，猜他意思，是叫我去。我想啊，去一趟得给他送份礼，托他给办理，出国能否办成尚未可知。

秋天上窑烧砖。六个人，每人每月供应半斤油，三斤面，苞米面管够，吃了烧苞米杆子。一次每队两车。

三红旗四大　童谣民俗现

1958 年，先说是不许饿死一个人，我意识到哇，快了快要饿死人了。

申公豹，多前都是有个节奏，不许饿死一个人，这是前奏，和俩人经商贩谷糠，又贩地瓜干，被贼小子劫持了。开介绍信要回推车来。推车是社里的，要不回来得赔，没法了。卖金子去。到德州是星期天，住一宿，到沟店铺，有私人首饰摊，说，他卖一百换，不折扣成色，我卖一百二十换，折成色少卖三十元，觉得挺后悔。回去进村看见绑杠，问谁死了，族中爷爷哭了，说刘金兰饿死了。劝他别哭。往后还多着呢。他饿死了，以后还整死一个。

三面红旗：1.总路线，2.大跃进，3.人民公社，还带个好，是什么路线呢？献金银财宝钢铁等都得献，就是没代价的献。毛泽东老贼说，别人剥削穷人，他这是干啥呢？他是不剥，也不削，金全部献给他，就不剥削了。

大要命呢，是怎么要法呢？组织军事化，行动战斗化，生活食堂化，这三化，领导一元化！都化了，还要不了命吗？

　　人民公社好，怎么个好法，好在哪里，好在什么地方，男女的，这些小孩子，一股劲的蹦着高的喊，就是好就是好。问他，说不出来，我也说好，只是好得不长，一个多月吧。下来麦子了，食堂大馒头，大锅菜，随便吃随便住，吃饱就走，不走就住，没人管没人问，干活吗？没人干，吃饭吗？有的是人吃。嗬，社会主义就是这样吗？嗬，真好哇！

　　又上窑了，人也多了。盖两间房，做水管子，搞水利，打超深井。这个公社十个大队，两个高级社，编一个大队，编成后，公社查账，四个大队没立账，怎么查他们更有理。我们自己都没法查账，你怎么查。

　　你们打粮食怎么办呢？打完场在院子里按人口，该多少就直接分了，也不记账，也不存，不入库，省事了。钱也如此，按人口分，有多么省事呢。

　　像蝈蝈笼子似的，大高架是有转车，两个少女在上面走来走去，车转动钻头打井。嗬，老百姓的树木，围林一律没收无存了。这也是所谓的收买方式的一种。他们拿树干走了，我捡来树头树枝，上窑烧火，一扫而光，啥也没有了，还有给树墩子，是拿不走的。

　　窑上么，水管子也没搞成。我愿意烧苞米杆子，能拣点苞米。李广渠说，苞米杆子留给社员烧，叫他们买煤。就买煤烧了。又来号召令，说什么多快好省的，一鞭退一鞭的，打着赶呢。还有人说，这是毛主席给我的最大鞭策。好，你干吧，不死没完！

　　申公豹这狠毒贼，你越干就越赶，假干真招呼。咱夜战装窑，白天拿上下脚了，晚间装上脚，剩下不多没装完，次日清早社里来人一看，嗬，你们夜战了。

　　嗯，多快，好，省吗？夜战，昼战，多战快战，就战胜了。申公豹贼小子是来干这个的，干什么的？苦害老百姓，多灾多难，苦难，灾害没完！

我在砖厂里是挂满衔的干部。厂长会计，技术员，管理员，兼炊事员，都是有职无权，说啥也不算数，就是炊事员还能算点，招呼吃饭就都来吃饭。这个令好使，也灵，毛泽东不叫你吃就没法了。申公豹更狠更绝！

1951 年在阜新煤矿。做饭时矿务局高职学校学员杨某来房串门，和他们聊天说，在工人阶级站住脚，饿不着。我在旁听啊，暗暗想，还瞎扯呢，还能饿着吗？可真的多么艰难困苦，有卖的就行啊。这个贼种小子能绝市，无论贵贱都没卖的，就没法了。棉农不给粮食吃，让吃棉籽他都干得出来。

砖厂来了号买卖户，买四十万，管送到家，价格三十五元千单位，厂里和社计算，是一万四千元。出四千元燃料钱，人工运费包括在内，剩下一万元。公社不允许，搅黄了这个生意。没活干，人继续调走，最后剩下我自己看守。有人提议棉花该拾了，挨了斥责，说叫你干啥就干啥，甭管那么多。叫你干的，你还干不完呢，还管那么多。日你娘的，好意提了还斥责我，再不管了。这是四大折腾。都有哪些呢？1 瞎 2 胡 3 穷 4 乱。穷折腾，今年棉花埋地里，经济作物。有人提议该收取入库，出售入厂啊。不听，斥出去了。再他也不管了，也不敢管了。哎。到时候了，打棉花，秋耕地，白花花的棉花，耕地，全埋土里了。人们心痛啊，捡起来些，我没活干，也捡了些。地瓜用犁耕起来，人拾。露面的拾了，也不干净。我就拾地瓜，捡棉花。

胡是胡折腾。搞水利，梯田化，拉绳打线，分段。每人多少，尺量完不成，不叫回家吃饭。挖沟作坝，规格质量检查验收，好小子，真严格执行啊。拳打脚踢，那老幼人们哭喊成片，真他妈的，比汉奸鬼子还凶恶呢。汉奸鬼子，修据点去的都是壮年人，打骂抗劲了。这些老少人等既不会干，又不抗打，家里还不让留人，锁头看家，早晨戴星星干，中午一顿饭，晚上看不见路。

瞎是指瞎折腾。深翻，行啊，根深叶茂的，翻地过深也不行啊，深翻一米，好土翻下去，生土翻上来了，草都不长了，还能长啥，草籽都埋深了，深处没草籽。

食堂里每顿一人一斤的地瓜，多一点也不给。地里扔的埋的不心痛，人吃就心痛。大人还可啊，小孩们，那小眼睛睁得溜圆，看着称，心说你可多给点吧，我肚里饿呀。有人争称说少，他拿秤一称，拿了一块给那个不吱声的了。他说多，谁知真多假多呀。过了年，地瓜也没有了。苜蓿草掺点，苞米面粥，一人一瓢，年轻的小孩都行啊，老头老太太，吃得鼻青脸肿，跑肚拉稀。哎呀，申公豹，老贼，坐在北京享乐了。

加紧深翻，夜战。十几人一伙，留一人站岗放哨，其余人睡觉。看着有提灯或者电筒灯光，招呼起来干，是有干部来查。等他们来到一看，嗬，干得挺有劲，说个好，走了还是睡的继续睡。外甥打灯笼，照旧。战的战，睡的睡。

四大，这四大吗？1 大字报 2 大鸣大放 3 大批判 4 大辩论。嗬，革命路线，可找着正轨了。革命道路，对谁有意见，给他写张大字报，贴出去，贴他的大字报，批判他，不行就开他的会，辩论他。

大鸣大放，谁有错误缺点给他提，鸣放他，放错也不要紧，鸣放错了就算没说，有则改之无则加勉。不论是谁，都可鸣放。国家有错也可鸣放，有错误就改呗，人还有没错误的。人若是没错误，那就成了圣人了。好了，谁有意见，提提吧？报告，你有意见，好，提吧。我们那范家集饿死一个人，他叫刘金兰。对，提得好。这是国家的错误，甭管谁，有错误就改嘛。都向某人学校呀，敢提敢放，争当闯将嘛。表扬一阵，得派人去调查一下。

联星社开节约会，按期叫砖厂宋福民去说。教给他，你说，我家节约粮食是这样的，每次做饭时都是先把应该吃的粮食量用秤称好，旁边预备好余粮罐子，抓两三把放进去再做饭。

日久天长就节约了。好，鼓掌，好办法。奖励一个锄头一把镰刀，一顶草帽。领奖，回来说，叫我说，说着又是哭笑不得。来放电影，首先按顺序，陈家庙陈秉信家，中午包饺子，摆上凳子。哎，放电影的来了，正好，放去了。还来砖厂，讲说，到陈家庙放电影去，他家包的饺子才盛上桌子，我们怎么没包饺子。叫背上砖，站在那里。你们早他妈的安排下的，拿到外国大吹牛逼去，看中国的生活够多么好啊，肚子里尽是青草，饺子汤都没有吃饺子呀，过年都吃不着，过年吃豆腐渣，没啥。

你怎么不吃豆腐呢。吃豆腐？哪有。豆腐渣，也是和人家要的呢。要是有豆腐，就还有别的了。跟旁人要点豆腐渣吃了，看电影里吃鱼吃肉吃饺子，是假的。这穷小子就会吹大牛。

折腾。县里召集开会。回来了我问开的什么会。吹牛会。一下子把我吹住了。吹牛会，是怎么个吹法。看是谁吹得大。谁吹得大就是好样的。英雄，好汉。哎，你吹得怎么样，吹着了多么大呀？

多么大？老大老大了，你想也不敢想。叫你说呀，你得拉裤兜子里。亩产三十六万斤，你敢吗？哎呀，可不敢是。那到时候产不出来怎么办。产不出来就拉倒呗。这是不负责任的。一说，到时候找你要，关里家挨饿，都是叫那些吹小子们吹的。

二斤地瓜算一斤粮食，十斤大萝卜也算一斤粮食。那牛都叫吹死了。到底吹出个样子来。一块地，四面是线，有棱有角，站在地边讲，这块地标准一亩田，年产三十六万斤，哎哟，那个高粱，谷子，苞米麦穗头得长多么大，才能收这么多粮食呀！三十六万斤粮食，铺到这地上，得是一米多厚，这可是，共产党真能啊！接着又说，产不到三十六万斤的话，三万六千斤，能产吧？三万六千斤也产不到呢！三千六百斤还好啊？三千六百斤也产不到哇！三百六十斤就可以了，三百六十斤还产不到哇？那三十六斤吧？三十六斤也不行啊，三斤六两，再不能少了。你听他讲些什么话，那么大，缩得这么小，还能有点边吗？共产党都是牛逼的，虎头蛇尾，说大话，使小钱。

申公豹毛泽东老贼，在北京干什么呢？光听取报告社会主义了。老贼叫民众四大节约，1.节约布，发布票。2.节约棉，制棉花票，3.节约粮食，印粮票。4.节约钱。土地社没有钱，一个劳动力日值六分。食堂饭钱三角伍分。五六天挣的钱不够一天的食堂饭钱，谁家都是，吃饭人多，干活人少。单身户都挣的钱不够吃饭，哪里还有钱。这就是你那社会主义好，这是好，不好该是什么样呢？

人民公社就是好啊就是好，好一阵子，好挨饿啊。好挨饿啊，你老贼略略节约一丁点，朝鲜战争，死人花钱给西哈努克老盲流，无偿的，五千万，拿老百姓肚子撒气，皮肉当玩，这老贼不死没有好。

传说，表扬哪里先进，哪里就挨饿。更狠些，光吹不行啊，种麦子，每亩地下种一百二十斤，奸猾队长不听，按照正常七八斤种了，问他怎么样，他说不多，还超点呢。剩余的分给户家吃了。老实队长呢，问他怎么样，他说，不行，怎么也种不进去，种三遍了，地里都是麦种了，不行，再种去。你就不想想，一颗长两粒，也是二百四十斤哪，还有个麦秆呢。回去种！哎，回去种上了，按一百二十斤麦种。

过年收麦啊，他这一百二十斤麦种的呀，全气死了。人家那不够的呀，好麦收成，得了，他妈的人家也那么种就行，咱们就不行。也怪事情。怪事还多着呢。

四大更怪。大字报，大鸣大放，大批判，大辩论。

表扬鼓励向某人学习，这是发扬民主。言论自由，先叫你舒畅愉快，大胆地倾吐，完后总结评比等等，看是谁说得多说得大，郭吉祥航空学校教员说得好。教员有文化啊，第一好，三年劳教期满，下放回家。邢进第二好，停薪留职一年，下放农场，张尊旭右派言论，饿死的那个人经查不实，那个提的人虚伪，侮辱国家，家庭成份是地主，存心攻击社会主义，批判他，辩论他，这回可有材料了，也有工作可做了。每天工作之余就开他的批判会辩论会。来人调查的时候他问谁呀？能问群众吗？能问邻居吗？问干部，那些隔裤子日屁股的干布（干部）敢说饿死的吗？饿死人，他担得了吗？说病死就完了，他这完了。那个提的人遭殃啊。没到一年，几个月就不行了。说什么也不行，轰不住胎了，回来死了。才完事，全国这么大面积，不能只是他们几个人。老贼狠毒之极，难尽言状。

赶集上街没有卖食物的。早晚得是回家吃饭。回家也没吃的。小孩们骂架，你挡了我的阴，挡了我那亮。麦子地里盖瓦房，不宰猪不宰羊，先宰他小亲娘。这个童谣表明，老百姓就像小孩没娘的意思，受气受罪，有人折磨没人可怜，也没人看管。小孩子们骂架，一方面骂，另外一方不骂说，你骂俺，俺不骂，往你门上插红腊，插了一根又一根，插你娘的小逼心，再一个和这个相同的意思，一方骂一方说，你骂俺听着，往你门上挂灯笼，灯笼忽忽的转，你爹做贼，你娘养汉。这两个童谣，早在扩兵时就应点了。

孩子玩，三个人同玩，一个人坐等，两个人走出一段距离，秘密商量后各充一件食物，携手一同往回走，嘴里说，歌单瓢，批两半，问问老爷吃什么饭，这个坐等人回答说，有啥吃啥，他俩说出秘密商量后的物品名称，由充当老爷的挑选一样，挑中的背着老爷走，剩余的人充当老爷。如此轮番玩。这时吃啥，啥也没有。村长说，有啥吃啥吗？都是你们自己说的吗，还怨谁，申公豹老贼，啥点都应验了。

孙家老太太好说，包子有肉不在褶子上。他是看着富裕的人们穿着不讲究，不太好，就这么说，是形容不爱美观的人们。包子有肉不在褶子，也有个卖包子的。供给面粉少，用苞米细面，一根没有褶子的掺里头，一般四个掺一个。我说，老奶奶您说，包子有肉不在褶，看，不在褶子了吧？她笑。

夏天，雨水积存，池塘水多时，小孩们在池塘洗澡，出来身上是湿的，用手拍屁股，喊，拍拍晾晾，谁先干，也叫村长抄了话头去了，拍拍晾晾谁先干了呢？都干了吧。社会主义就是奴隶社会，给奴隶主干，自己啥也没有，世代相传。毛泽东老贼制定接班人，他高高在上，世代接班，成为家天下。秦始皇一流人物比之更狠些。

冬天快过年了，有人拿棉花去卖。把棉花留下，包皮给你没收了。问他为什么，他问，是你种的吗？不是种的，是捡来的。捡来的行吗？你没地没种，从哪里捡来的。社里的棉花，你偷的吧？再不敢说了，走吧。回去的路上有背棉花的问干啥去，卖去。快回去烧火吧，可别找麻烦去了。我去卖棉花，被没收了。说是我偷的，不敢犟嘴。没地不是种的，说偷的。你说啥呀？埋在地里瞎了，社员捡来的，烧了。这日子还有法过吗？毛泽东老贼，都节约些什么吗？这么折腾，还能不穷吗？

开门关门干啥？把锅，大口炉子都拿出来，吃食堂。家里用不着了。砸锅卖铁，还你钱吗？这都是你自己说的，哎呀，申公豹贼种小子，钢铁挂帅，无数次的献这么些，折腾，多会能够折腾完呢？盼着吧，申公豹归了位就完，他不死没完！

大车胶皮化，铁花轱辘车乒乒乓乓的砸碎，献钢铁了。胶皮化呢？融化了。这些个折腾，什么还折腾不化呀？村长来拿什么吗，都是说一句童谣或者民俗来证实，预兆早就说了，现在申公豹来实现。

1959 娘春天，派我去修河。庆云，燕山。说我，你不是劳力，不应该叫你去。在伙房里做饭。我说行啊，十多个人带上炊具去。到了那里，当地民众不叫挖，告了。哎，我们是奉命来的呀。你们告赢了，我们再给垫上，先慢点干着。不是旧河，是两个河，相距不远，改成一条，能够多种地。吃饭嘛，四川糙米煮不开花，粗白苞米面合不成块。这回还不离着远，一个多月完了。钱不多，没白干。现场开支了。到家过麦收哇，和三队一个场地。头天告诉说明天吃了早饭后去修场院。早起没啥吃，说是家无隔宿之粮，表示穷得很哪。这会，锅里都无隔顿之粮。哎。到队长家里，看看整点什么吃。队长是堂叔伯兄弟，二哥，他绝户，有俩儿子都死了，就两口子。

我去了，两口子正吃饭，一面一个对坐着。吃的苞米面粥。苞米饼子。俩人吃饭谁也不吱声。我说，二哥啊，家里没啥吃，看弄点什么吃呀，吃了和三队整场去啊。嗬，他说，你到家愿意吃什么就吃什么吧。我家里啥也没有哇。他还是那个话，愿意吃么就吃么。正在说着，哎呀，又来一个。是他亲叔兄弟。我不出声了，听他们说什么。也是那套话，你到家愿意吃什么就吃。什么也没有。毛泽东老贼，申公豹贼子干的，万恶灾难。

俺俩出来，互相对笑。谁也不吱声，各回各家！

申公豹这小子比日本人恶毒百倍。日本人不许中国人有反对形式，如有反日行踪，抓去吊打一顿，一脚踢出去不管了。这贼种和你没完没了，说你仇视社会，抵制社会前进，挖他墙脚等等的大帽子。

我回家拿铁锹镐头，门前有棵榆树。刨树，吃树叶。三队来叫平场院，我说等一会，刨倒树，吃了树叶再去。他走了。这个上午也没平场院。过好几天才平场院。没啥吃怎么办？人们拣青年扔在地里的坏地瓜，能吃吗？要说这东西嘛，猪狗等，什么畜生都不吃，其苦无比啊，一点用处没有。当粪不壮，烧火没苗，就是扔货。毛泽东老贼有办法逼着你人吃。人怎么吃呢？捡回来啊，用水泡，多会泡得啥味没有了，烙饼，蒸干粮吃呗，那还有营养吗？

嗨嗨嗨嗨，营养嘛，黄鼠狼子吃鸡毛，撑肚子就是了，人家有的是好法。无粮糕点，用苞米包子在锅里蒸，四十一大锅，煮一锅下三斤碱，煮好后用洗衣板搓，把纤维丝搓出去，过包沉淀，蒸糟子糕，挺好看。我们几个人送棉花，我买一斤，五角五分钱，他们都没钱，我吃，不好吃，也不让他们嗨。他们问好吃吗，我说你不会尝尝吗，他拿一块放嘴里一吃，叭一下子吐了。嗬，你怎么花钱买这玩意吃呀。没吃的人都笑了问，怎么样，不好吃呀，你还问啥。尝尝啊，一人拿一块，剩下不多了，他们也没扔，也没吐，都笑着说，他真有钱，这好东西吃。我说，人家卖的就是这个，谁叫你买来呢。怎么样？都尝着了吧？再不买了。

饭店是公社开的，就是一样饭菜。没去皮的小米面窝头，五分钱一个，豆角或者茄子菜，一角钱一碗，每人一顿二角钱，都吃不起啊。没有钱，不开支，哪有钱。存钱的也拿不出钱来，三角债，还拿得出钱来了吗？

钱都叫社长，主任，会计，腿快的，嘴巴勤的，能说会道的人们花去了。正经老实人，你看也看不见钱，也不认识，钱是什么样了，有了钱啊，他们就扩股，一个劳力二十元入股，扩大再生产，你去要钱，他和你要股金，要饭费。谁还敢去要钱。那么你哪里来的钱呢？我是我三弟在国外给我父亲邮钱，我也沾点光，花着点罢了。

在砖厂里有个小伙子姓孙，他是，都是祝你身体健康。在毛主席共产党领导下，谁能不见点糠啊？见糠了吧？他父亲卖好田地，好能手，早就的卖完，土改分来的，还是卖。儿子们跪着求他，也不听，还是卖。人们笑他，他说我卖，你甭笑，你卖没人要。可真的入社了，谁还买地。

快过秋拉，仨人商议，走吧。走？不行，怎么？买火车票要介绍信，叔伯侄连襟在拖拉机站拿来的空白介绍信。行，还有个堂叔侄，我写的，到天黑走。嗨，下午又告诉我，明天带入上窑，我说明天赶集，买猪患。那就后天。晚一天吧。天没亮走了。他们发觉，追去了。俩人骑着自行车追到吴桥，商议追上了他们怎么办呢。甬追了，回去就说没追上。

申公豹老贼指示，毛泽东贼小子搜刮民众，入地三尺啊。所谓献，都得说是自愿，还得说合理。如有不愿意或者意识形态现象，那就难说怎么样了。

他们经常在我面前提说讲解献这个献那个的，我明白是冲着我说的，尤其是我那个叔伯侄子更甚于他人。我有底就是不说，你指明了再讲。真的。看我不献了，就明说了。我那侄子说，大叔哇，你不是有金子吗，是有我给你拿去。拿来递给他一张纸，他看是出卖黄金的水单，心凉了，说卖了，又说我婶不是还有首饰吗？我说那些东西都放在屋里，我走了哪去了，我就不知道了。

折腾啊，胡乱瞎穷折腾以外，又出个徒弟爷，不是土地爷，是土地老。这是徒弟，是爷爷。师傅是孙子。是这样的。徒弟爷爷，他父亲是社主任，献钢铁的时候，钢压面机都献出去了，他要专制木制压面机，杨柳木质不强，谁说也不听了，谁也不敢说，就落个徒弟爷爷就完了，以后这样的事情多的很呢。

这一回折腾啊，他们技术革新，有权革新。看他们革新吧，夺高产争丰收，什么时候种他也高产吗？地瓜是高产作物，亩产万斤，高粱谷子苞米低产，处暑后都快要成熟了，割掉种地瓜，地瓜高产。你怎么不早点种呢？这时候谷子高粱苞米要长成还没有成，割了，种地瓜。还能高产吗？这不是革新派，是特务破坏。种菜，种什么也地适时种植嘛，割了庄稼种菜。割了高粱种地瓜。这么能干，有好吗？

走，他们没追回去了，买票。不是铁路上要证明，是公社派人查看外流的人。不让往外走，给他购票证明看了，问入场介绍信。哎呀，没想到这一层。忽然灵机一动说，站长说拿购票证明就可以，没另外开介绍信。哎，挡过去了。给票，顺利上车到天津。是 9 月 27 日下午，住两天等他们。10 月 1 日国庆节，到沈阳。往哪里去呢？那个侄在铁犁木材加工厂。到铁犁县，派往十一农场，割水稻。八个月合同工。完后哈尔滨被迫兰岗水库过冬。评为二等工，月工资每天 1.75 元，月五十二元五角。一天也不歇，口粮五十四斤，每天 1.8 斤，不够吃。也差不多。挣的钱不敢往家里邮，邮回去了公社里那些贼穷小子们要出去，说什么要饭钱。给你们干活是白干，吃饭要饭钱，这叫什么理呢。

肃反，肃清反革命。1960 年 2 月 5 日肃反没完，哪年都肃。兰岗水电站就像开店似的，人来人往的，逃跑的，人走，行李扔下，积存了好几个棚子。家里来的人管三天饭，之后再不管了。过清明节改为在三十里内。找着房子住，落户口供给口粮。

牡丹江市劳动介绍所大量介绍工作，钱不多，粮食也不多，就是有活干就是了。各行各业都成了人贩子，此来彼往，流水不息呀。从兰岗辞职，来了牡丹江。东村畜牧场，关家屯砖厂，俩人月工资七十八元正，粮食少，五口人一百八十六斤，在家自己做饭还行。食堂给的少，一斤粮食给斤半干粮，作假脸皮，估了百多斤，被查五十五斤，扣钱，罚三十天拘役，留用了。这年丰收！

战争强讨债，大丰年灾荒

1960 年丰收之年大灾荒。这个灾荒，不是对中国来的。赤俄发动侵朝战争，他出武器，这里面就暗藏机密，安心地出卖武器给朝中两国。斯大林老贼恶贯满盈，脑充血不治之症，死了。赫鲁晓夫小贼向朝鲜金日成讨债，还不起，往中国推。武器是中国人用的，朝鲜人都死得没有了，哪还有钱。别国领导人都爱国护民，可是毛泽东老贼偏不然。他是祸国殃民。朝鲜没有中国有，我们给。赫鲁晓夫的意愿是先要朝鲜半岛把中国围住，再要中国的。他更毒，日本硬打，他不打。巧得傻毛子。毛子傻吗？比谁都精。中国说给了，甭管是谁，有人给就行。你们中国给，三年内必须还清，否则长城以北之地归属俄国。毛泽东申公豹老贼子，吹得更大，打肿脸充胖子，说甭用三年，我们一年就还清。大丰收年他说是自然灾害，号召全国扎紧裤腰带，节约布，节约棉花，节约粮食还节约钱，每人三尺布票，二两棉花票。这是黑龙江省，其他省更少。粮食嘛，春天种地时就下令，墙皮里三尺处可以随便种啥都行，墙皮外一律不许种植，有种的也撂荒了。秋收后，地净场光，颗粒归仓了，压缩粮食，头次压缩六斤，五十四斤改为四十八斤，人们乱嚷嚷，一斤八两，还不够吃呢，少给二两，更不够。没过几天，又缩减十二斤，成了三十六斤。每天一斤二两，厂长王占元，青年团主席说，我是饱肚子，没挨过饿，给低标准，咱们半劳力，上午十点上班，下午两点下班，又压八斤，又压四斤，剩下二十四斤了，一天八两。上班下地捡粮食，每天捡多少是多少，算一个整工，工资照开不少。又压六斤，每天六两了。厂子也黄了，人都调回赵家沟畜牧场。他们去到都不上工，下放农村了。我去到就干活，窑下了，又压缩六斤，每天四两，粮越来越少。做饭不怕三年贱，只是三四天，人都饿倒了。过阳历年又长了二两停住了。这老贼狠毒之极。送到俄境，百般挑剔，不合格的不收。你们不收，我们也不要了，再回去时拿。有的是扔在那里不挽回运。国内艰苦到极点，一人每天四两粮食，只是两只鸡的口粮。他在那里还大吹牛皮。你这个老大哥怎么尽在害你呢？他不要，行啊，你也不要，他们白捡白拾去了，又白吃了中国冻饿死了的有多少人不得而知。在砖厂里，脱坯玖角钱一百个，是给的工价，不是要的。仨人合干，他俩人每天上工早，干两天觉得不对劲，第三天我自己单干，每天不超过二百个，或者多几个也不定。他们俩每天四到六百个，我说，别干太多，超过基本工资太多了，他赖皮不给你。他们不听。还是傻干。可真出力气，干得不少。开支时，不是按件计算，按每月日工开支，他们就吃亏了，回来和我说，不如听你话了。我都经验过多次了，共产党说话没真实话，你听了得算算他这个话能往哪里落，你在那等他，这么样啊，吃点小亏，否则是要吃大亏的。

例如蔡廷锴杨虎城高树勋郑洞国等，不都是被其所愚弄吗？！老毛之就能玩弄他，他不觉得还一个劲地老大哥老大哥的叫。像这样的老大哥，真够呛的！！

申公豹老贼在赤俄境内打肿脸充胖子。中国人冻死饿死的人，数以千计。他不是说过吗？不许饿死一个人。饿死的多了，就不算了。还有人替他吹捧说，毛主席每天都节约两个苹果了。你节约两个苹果，能当个什么事情。傻毛子，毛子是傻吗？他说，中国北部边界，以长城为标志，你怎么不说，中国北部边界在外兴安岭顶，分水处呢。你说都不敢，就会折腾中国人。有本事有胆量，有智谋有能力，对赤俄是大气不敢哈，惟命是听，惟令是从，战战兢兢！

运入俄境的粮物等项，要的收去了，不合格不要的抛弃得沟满壕平，载道都是任其自取。傻毛子肥了，中国人各个骨瘦如柴行路艰难之情景，不堪言状。火柴大的棍棒都能把人绊倒在地。枣核大的个土块也能绊翻倒腑，或致丧命。各厂矿企业等部门都下令不许一个人出门上山或者远行等等。

　　恐怕单独之人出行理事有险祸时没人知情报信，也必须多人同去同行防范万一。

　　我仁孩子上学。大孩子对他妈说，不上学了，走不动。妈说，孩子啊，在家不是更饿吗？闲饥难忍啊。大儿子说俺去捡土豆。妈说，这大冬天，冻得刚硬，往哪里去捡去啊，能刨得动吗。能，那块地里有，看着了。去吧，拿什么盛啊？书包，把书倒出来，仁人捡一天回来，倒炕上。嗬，还不少呢。黑漆乌光的，洗了洗泥土，煮熟，吃吧。仁孩子边吃边唠，还挺好呢！

　　那些穷小子们，诉苦大会也不诉苦了，牛马不如，这回如了吧？牛马也如了，鸡狗也如了，猪羊等六畜也如了，过稳了，这苦不算苦，还有俩六加俩五在后面呢。

　　一天我们几个人修理仓库。我当小工，端泥抗拒箱子里有饼干，拿起吃。大工在上头看见问吃的什么。我说是饼干。我下去吃。你甭下来，我递给你吃。抓一把给他。吃哈一声，什么玩意，我吃的就是这个，是饼干样子，不甜也不香，也不脆，就有点凉劲。什么原料呢？柞树叶子，冬天不落叶，采摘回来剁碎，磨子上拉一遍，过包沉淀后用细渣子做成饼干样，没别的什么物质。粮食油糖果等一律不用。这样的骗局，申公豹毛泽东贼小子都想得出来。

　　春天不许种。这冬季叫大办粮食。怎么办？往哪里办去？瓜菜代。瓜菜没种，怎么代呢？各厂停工停产，人都停止生产了，生产人的机器都停止不动了。郑光明的妻子过月子，场里给开三斤面粉，十二个鸡蛋，在牡丹江市领了三天，没找着地方。回去来气说，不领了，人们劝他，别来气不领了，生气不管用，还是领，是正经的。第四天，天黑了才领回来。进门哎呀一声，天哪，说，这比科举中状元都难。这都是毛泽东造的福气。申公豹的灵验。这些傻毛子给他一回又一回的亏吃，就是虎着不放松，也真怪事。

还债民遭殃　华侨救华会

　　那年头牡丹江市有四种商品不要票证的。1.喝汽水 2 喝凉水 3.吃冰棍 4 喝啤酒。啤酒断档，你甭喝了。鸡蛋一元二角钱一个，不敢拿着多卖，怕被抢了去。拿着一个卖，卖了这一个再拿那一个。海盐每斤二元还买不着。土豆二元五角钱一斤，饼干每斤十元，要八两粮票，粮票六元一斤，酱油一斤一元二角。你没有粮票买食物不行，黄烟五十元一斤，买一个烟叶一元钱都买不着，西安村有人三间房，押出去四百元，有了钱再抽回来，是当，不是卖，这年赶上了卖八斤黄烟，抽回房子。

　　吸烟搞代食。茶叶店买茶喝的人少了，买烟吸的人们买茶叶末代替烟，每个单位按人数供给百分之六十。每人每月三盒计算。什么烟呢？柞树叶子卷成烟，一吸就冒火，洋铁叶也代替烟，人急了，什么方法都想出来，就是粮食想不出办法来。偷？偷也没地方偷去，谁家也没有，上哪里偷去。去仓库？仓库看得紧，有一次码上苗子了，窜窑做仓库，嗬一个姓崔的同房住，商议妥当，晚间去到，锁着门，弄不开。从旁窑火洞扒出来不少，二人分背，他打发走了，我下台阶滑倒，起不来也不敢喊他，着急害怕，使劲无力，略微休息片刻，一猛之力翻过身来，爬起来小心急忙走入沟，稍稍安心。回到家，天已将明。二人均分，安置妥当。场内再无别人。次日场部发现失盗。在那村里挨家挨户搜查无效。按人发放，每人一斤半黄豆。五口人七斤半，领五次，三十七斤半。那样饥寒年月，到处是贼。民俗说，二八月打雷，遍地是贼。这回应点了。没偷别物的，都偷吃物。牡丹江西长安街，二百货商店，下班时不慎，匿下一人。次日上班，忽而出现。一人说，你们都来齐了嘛？这些小女孩们吓得乱跑，别跑别跑，甭怕，我不是坏人，是饿人。吃的喝的吃了不少。我有钱没票证。要票证我没有，要多少钱我如数给。别的东西我没动，谁管那摊，都检查明白，有无损失，我负责。经查点后，别无差错，只有食品少点，也不多。他没票证，给钱。怎么办？报不上去干脆，钱也甭要了，你走吧，甭管了。人们商议，报失盗吧？报失盗，就按实报吗？得多报点，少了也报不上去啊！

世界各国的华侨，在香港举办救华会，由英国出面向中国大陆邮寄。粮食包，每件二十公斤，件数不限，只要有人接收，连绵不断地邮来。居住在各国的侨胞们都关心在中国境内的父老兄弟们，被毛泽东老贼残忍迫害冻饿饥寒之苦，大量资助苦难。这贼小子，狠心毒辣，比日寇尤甚。罪大恶极，超出桀纣，奸险毒计，对俄不施，是他老祖，不肯施展！虚仁义假道德的号召，大办粮食，随便种，拿啥种啊？豆角籽，一角钱，多少啊？一个粒，是发财的好机会。你有两麻袋豆角籽就发大财了。不行，我有了，也不值钱了。牡丹江各机关部门都办起畜牧业，自供自给，自产自足。东村畜牧场还是牡丹江市三大畜牧基地之一呢，猪羊鸡鸭都死光了，牧场倒闭，人员下放外调。

1961 年春初调往牡丹江市财政局畜牧场。那些老工人们都说，你们怎么上这里来呀？长不了，到秋就得下放。有这样个底了，来了就在这里吧，反正我还有病，不是别的病，是饿病。场里会计邢进国为写饿字被打成右派分子，给三弟写信，三次都退回来。一同调来的小纪说，照背面写，正面是往这来的。哎，对呀，照背面写去。然后就收到了。在这场里他们有人挤兑我，原因是他挣工资是低价日工，我挣工资是高月工。干活还少，他向场里反映，队长罗说，降工资。我说降工资不行，不要就送我回去。我是有病，不是不干。有病干不了，越不往好处干。

一天大儿子偷狗食吃，他们叫我写检讨书，我不写，我说都不下地干活去了，小孩饿，吃了点喂狗的东西还不行。我那孩子，还不如你那狗呢，怎么写，给我起草一个稿子吧。他们听了觉得不是滋味，就拉倒了。那狗食是面渣子蒸熟的，放些盐，大人也偷吃。晒酱块时他的酱块没干透，里头黏糊，掰开晒，臭味。拿一块沾盐水吃，香啊，像臭豆腐似的，闻着臭吃着香。拿了不少回去吃。

有一天中午铲高粱，地不多，打头的说，这些地，铲完了回去吃饭，铲不完的呀在这里继续铲。我听，噢，冲我说的，好，看谁先铲完。我拿起锄头，一面一锄头，噌噌噌地铲开了。他说啥我也不听，都没到头，我到头铲完了，锄头往地里一戳，等他们到头，扛起锄头往回走，谁也不吱声了。

又一天铲土豆。下午他们铲到这头，离家近，场里吹号收工吃饭。我铲地慢，正好到那头离家远。扛着锄头回来。打头的说，老头，你再铲一趟。我说害怕。你怕啥啊。我怕老头。你这么大个儿还怕老头。嗯，那老头可厉害，大嘴茬子，一嘴把我吃了。还是往回走，旁人都不吱声了。

秋天下放，我早知道。长不了。一是场里的规矩，二是我的工资高，三是干活少，四是我家人口多。有这么四个条件就必须下放。九月八日离开场里。局长还征求意见，愿意往哪去，四个县任挑一个。宁安方正海林尚志等四县。我坚持听从分派，最后，说市直机关都去宁安县，你也上宁安吧，宁安比较好。行，9号到西荒地，还带去一百多斤粮票，也没交队里。

八月节，爱人回财政局办事。局里问，刘小山你认识吗？是我小叔子，没见过面。哎，他给你们邮东西来，在邮电局里，这有邮单，拿去取件吧。头次收到粮食包，我邮寄去的信他也没收到。早收到信的话，粮食早就邮寄来了。

赤俄这个老大哥多种多样的屡次给中国小弟，苦难灾害你怎么就不记得包头呢？国外华侨都关心国内灾难，申公豹自己也制造苦难加给农民百姓是何用心？也像李自成似的，得到了天下就忘记了民众了。华侨不成立救国会，中华民国将成什么样的状态，你想没想。你贼小子坐在北京享乐自在了，事不关己高高挂起就不管了。

农历十月里邮来两次粮食包，去牡丹江领取顺利回来，又去时回答东京城。出站时后面有人摸问，背的什么，面。你别走，收容所收容去了。也巧，碰见一些皮货商，怀疑我也是贩私货的。到所问是哪里来的，香港邮寄来的。要没收。邮电局邮来的，你不叫往家里拿，你得开收据。次日是阳历年，都去干活。叫我也去，我不去。自己在屋内准备做饭。来个人，一开门，说，拿上你的东西走吧。走就走吧，饭也不吃了，回家吃去。这个年过了。嗬。这个村的人真和气，真好。走在街上叫姨父姑父姐夫的叫。叫干爹的都有，应酬都来不及呀，其中就是张玉儒，王庆祥，朱德悯等为最出头。这都是机会分子，看上谁家有可取的就跪门亲近祈求。正月灯节后，邮来第三次粮食包，东京城邮局取。这回多，大米一包，白面一包，花生米一包，白砂糖一包，花生油十二斤，牵匹马赶辆车就好了。找个人帮忙都没劲，好不容易得驮上马，牵马走了。邮包忘到邮局门前。拐过角走一段路，哎哟不好，发现没有邮包，赶紧回去。急忙往回走，心急如焚啊！拐过角看见邮包尚在原处，安下心来。还是赶集日，这时并没有一人。背起邮包，心里还扑通扑通的跳呢。回家炒上一包，把马送回去，回来就炒熟了。村里的孩子们都不认识，说他们炒的是豆角籽。给他吃了，更奇怪了，问是什么玩意，花生。嗬，串门的人更多了。认干亲，拜干姐妹，推不开门了，热闹一时啊。

1962 年开生产种植会。种瓜谁种，我说一顶草帽下能扣住几个瓜，队长拿他的帽子扣，我说是草帽。哎，都赞成叫我种瓜。也也是不会种，瞎蒙，摸索着干。彭德海、郭德林、郭德成几个地主，郭德凤还有老朱头，都是老头，瓜籽下地，第四次粮包又来了。这回更多，大米一包，面粉一包，砂糖一包，油四包，绢两风衣四件，水月兰咔叽布一匹，中筒水靴四双，呢绒袜子十二双，球鞋四双，呢绒衣料一套，英斯格手表一只。嘀，这回更挂念只啦。挂念子是招惹人啊。

饿肚办粮食 三年没折腾

1962 年下半年停止粮食进口，有 61 年的大丰收垫了点底，62 年又丰收在望。农民口粮只有一百六七十斤，小开荒围田地也补助点，偷点，瓜菜代点，差不多了。市场上仍无粮食上市。工人口粮短缺甚大，口粮价格不高，每人一般都是二十七斤，每天九两。中劳力三十二斤，重劳力三十六斤，苞米每斤八分面一角。你不够吃，多买点不行，这是供应价格。苞米糠市场上二角伍分，超过苞米面价格二·五倍。工人有铁饭碗保险工资的保障，再私底下买粮，工资也不多了。共产党就会吹牛，赶美国超英国，计划生产，保障供应，除旧立新，万岁不旧吗？为什么不除去呢？还是想当万岁，是吧？自己破坏不前进英美日新月异地前进，你站在这里不动，嘴里喊超过英国就超过英国了，就赶过美国了？计划生产是怎样计划的不知道，保证供应供应不上，按地区点人口多少按数来的件个数，破碎损坏丢失都在内，来到后，干部亲近自己等人外，还有腿快的走私者外，你得了信去到那里，没有了，下次吧。下次？下次的领不着，在市里买，一个灯泡十元，一盒火柴二角供应的吗？短缺，市场上有卖的是哪里来的呢？不供应，拿出去卖，缺的缺，卖的卖高价，肥的肥了，瘦的更瘦了。

　　乡镇企业日增，莲花大队建油房，一二级队建酒厂。我住的一队食堂，要房子开酒厂。事有巧合，李希堂娶媳妇卖房子，队长给谢常钧说，四百元钱一间半房，谢没钱，不买。和我说，队长给借钱，开支结账前还上。又有个凑巧，打货草开预支，我开三十元，不好干啥，王嘉滨开二百元还不行。这回张玉儒从二队借来二百元，王嘉滨一百元，队长拿来九十元，我添上十元，成了。队长点过数，交给他，算妥当了。次日晨留他吃饭时，来个胖妇女叫他走了。时间不长送钱回来说，他们给五百元，还先让我，我想啊，留下钱赖他那个房子，又想那样做不够仁义，和他讲理，他承认错误，抓紧给三弟写信，多要了二百元。

　　种瓜将要成熟时下了冰雹。冰雹粒不大，豆粒大小，没什么大损失。天地之大，什么样的人都有啊。评分会上，提到我名下，有给老面糊郭德学，呼号一声，多了不行。队长问，为什么？冰雹子打了。哎，你这是无理的瞎说。冰雹子打了也怨他啊？他下的冰雹啊？大伙儿都笑了。队长说，少了还不行呢。两千八百分，怎么样？多啊少啊，你有意见吗？不吱声了。他是这样的人，种稻季节和收麦，队上每天管饭或者放面，每人有斤，他提议小孩吃不了一斤，队长称面就说，不是我不给，面糊不让给。嘴里这么说，手里还是称一斤。都骂他。他是好挨骂，孙子媳妇骂孙子，日你死爷爷的，他嘿嘿笑，还说她骂死的，不骂活的。骂活的有多么好哇。挨骂也有感觉吗。隋炀帝挨打舒服，不挨打不行，他挨骂也舒服吗？

　　入冬，郭瑞常在油房烧火，感觉困难，换工给我打柴。我去替他烧火。两向应了。打完柴他也去了，两人都在油房干了。一天少两人，他们找窍门，说，少俩人咱们干吧！把他俩人工资给咱们添上。这样一来呀，把少的人去除了，就这几个人干吧。干是干了。嗬。这个冬天很好，三次宴会，开榨宴会，送孙师傅宴会，停工宴会。每次会，都一排垛的油，酒厂一挑子的酒，肥吃肥喝。东莲花拉柴车都参加宴会，安装费一万三千元，吃喝完了，净挣八千元。春节快开支了，三弟邮钱来了。正赶趟。宁安县银行来信去取啊。

　　带上手续印章等去。到银行。噢，您来了，进来吧。到柜里点烟递茶，拿出钱来点好。要走哇？别走，还有奖券，每百元奖粮票八十斤，布票十五尺，烟票三十盒，肉票三斤，油票四斤，糖票五斤副食品票二十张，工业票二十二张，芝麻票一斤，花生票二斤烟分甲乙两等，甲十乙二十。出来到肉铺买肉。问买多少，三斤。拿票给他看，没看见过这样的票，问哪里来的，银行给的。旁边站的人说，你得给，不给不行。你没看见这上面有省商业厅盖的章。他打电话问银行，给了三斤肉，回去写房照，还债。二队二百元，王嘉滨不要，用不着。一队九十元。队长说，下账了，先甭还。嗬。这回更轰动了。好房，人来客往的，车马奔腾啊。嗬，不亲的也亲，不近的也近。王希成给他儿媳认干妈，请我夫妻到他家，摆上酒席，磕头认亲，他儿子不在场上，上山打柴去了。噢这是避开正面，隐蔽行事。

　　1963 年种植会议，提到种瓜问题。张树森提议，拿去年吃瓜的情况看吗？今年还让刘春兰种。一言为定，又种一年。

　　队里修烟房子，烤烟更好了。来活了，烧火种瓜，常年有活干，还住着三个青年，一是和生人，是王振海郭瑞常仨人都上山搞副业去了。各人的围田地也给他们经管。八月十六日晨，下雪三寸有余。晴天我赶快割地，都给他割了，各放各的一堆。雪又化了。没事，地是割完了。61，62，63 这三年没有运动会，运动员都闲起来了。1964 年八月十七日下霜，去年十六下雪没事过了，今年下霜就不行了。农作物都给霜打死了，黄豆地比较严重，豆粒没长成，小粒的还不少，都抽干了，打出油来是绿色的，像毛篦露似的，出油率不少，没香味。

四清破产债　社教清成份

来了什么运动会选运动员吧？甭选。公社里王大骂来传达文件，他好骂人，叫他王大骂。什么名字不知道。讲了两天，多吃多占贪污受贿，账目仓库工分，钱财等都得清，清干部不清群众，下台的干部，一般的就不清了，特殊的还得清。

再说，王希成父子俩，提意见，有坚持劲，提出来坚持到底。头年上山搞副业生产，给队里挣四元价值，记十分工，算个工，回来一评么，合十八分。他父子提出反对意见说，不行，在家里的挣六七分，他俩一天挣十八分，比起来折合三天工，那不行。按十四分还合两个日工呢。没有办法，讲民主嘛。到底是按十四分算账了。帐是这年的算了。过年正月十五后又上山搞副业，谁也不去，非得叫他父子去不可，你看挣得多，你也去挣吧？那不去不行啊，逼迫着去，到那俩人一趟，在前头放，供应不上，在后头卡吧，卡又跟不上。前天人放一天，他两天卡不完，不几天就撅屁了，七言八语的，乱点打，不行!看着挣得多呀，不是那么容易的，不好挣，又是气，又是撅，还不敢吱声，回来就住院了，几天回去死了。讹我十四元钱，也没成用，买纸烧了。

王大骂传达文件，还是大吃大喝的。过还不久，工作队进村了，是密山县的。包干清产，查宁安县，自己起火不受招待，打烧柴，自己往回扛，准备下一冬天的烧柴后，早就众人开会，动员群众，发动群众。他们都是这样法门，干了事推到旁人的身上，自己落做好人，感谢他的情义，骂旁人。放手发动群众，讲解政策。如果能够把干部们的多吃多占都收上来，全队每人可分到五十元钱。嗬，这些财迷穷小子们来劲了。提意见，深挖深抠，斗争干部。全家大小老幼人等在会场上跪着，向群众磕头，哀求打骂并加呀。以后郭吉元说，他那个小孙子怀抱着还不会走路，也叫他跟大人在会场上跪着，那么小的孩子有什么罪，知道个啥。胡乱折腾，干部压制群众，有了运动群众就消火出气折腾干部。过后干部还是干部，管着你。

清成份也清历史。成份历史这都过去了，国民政府垮台了，日美也都退走了，应该太平几年了。不行，申公豹贼种是制造混乱来的。不混乱他难受极了。他不死没有消停太平之日。

我给家里去信，要开成份来。一个叔伯侄充任会计，开来中农成份证明，给他看了，说，没叫你要成份证明。噢，去调查，游逛游逛，公款出差是个美事。一天晚间那小子问我什么成份，我说中农。家庭地主，那怎么行，你也是地主。我算什么地主，房没一间房，地没一拢地，算个什么地主。我受一辈子继母气，受气的地主呀。那是你家庭关系，你们就是愿意树立敌人，团结你们也行，不团结你们也行。你团结就团结，不团结就拉倒。你对工作队里这些人也没看得起的呀，指着我看起，看不起的也不管啥事。成份和历史是两码事吧。啥成份，啥历史都不管啥事，在于今后的作为。地主就地主，我也是冤枉来的地主。他咧着嘴，看把人家张老太太骂成个什么样子了，说好几遍，我也不吱声。

郭德臣有人说他通风报信，吃不消了，吊死了。江北也有吊死的。这些穷小子真卖力气干，队长是记零活的，工分一律割掉，三角债户一律还清楚，还不清的口粮叫国库存管。也有不少人问，成立农业社的投资顶账行否。行，有公债券也行。我的公债券全部扔了。只还有兰铁的，四元公债券，不好干啥，欠六十多元，还非得是拿钱不占手，钱送国库存，口粮还不行。

拿钱。来牡丹江孙绍云家，借去七十元钱，补足了钱。这年劳日值一元七角一分。我不是干部，清我干啥。哎，有人提我油房记工十分，比他们多三四分。油房每天补贴一斤粮食怎么不提呢？工作队公布账目，提出了说。刘春兰这个工分没必要去。他拿回来的是每月五十五元，记三百分，劳日 1.71 元，按三百分算是五十一元三角，队里不吃亏，还有三元七角钱的剩余，不去分行吗。行。还有意见吗？没有。我心里说，看王希成豁出命坚持到底。二队的干部向大队提，给油房工人记工分赔钱，大队说，那不要紧，你们怕赔钱，大队开给他们，钱又不多，他们是社员，挣钱入队记工，四清，清了吗？还是没清。入土地社的投资，黄了吧？

朱庆福多占了多少呢？影响开支，每工二角。他说，我好好说，要啥啥也没有。开他的会，工作队也没法了。问大众，要不要。郭吉祥说，要他那啥呀，房是住人家的，屋里任啥没有，就是有辆车子，除铃铛不响哪里都响，要他的啥呀。哎，是要不要的问题。我也在场，怎么要哇？没法要，也没说出来要。是不要。工作队半年多了，算出来酒厂贪污甚大，北河套的冰，井里的水包括在内都卖四元钱一斤，还赔钱了。钱呢，赔哪里去了？都叫他们喝了。张玉八每天都到酒厂喝饱，走时还拿一瓶，三斤半。郭吉田还少点，俩大主顾。朱德有保管员自己也装一排酒，出酒量高，也拐一些公酒去吧。成份也没清理好，有十几个人作为悬案，我也在内，没定下来。宣布滚蛋，多吃多占的干部退赔问题，积极退赔的做表扬，留职留任。郭吉云财务管理，差一分钱对不上帐。云说，那我补上吧。那不行，那你也算四不清了。找出那一分钱来，结账。郭吉成会计，地主子弟，账目清楚，划清界限，任会计不行了，别混了钱。不允许地富反坏右任职。凡是职务必是党员或团员，贫下中农等人士。

工作队告别，每人那平均五十元吗？拿点出来救济贫困户，其余大部分都收归公存，凉了！白费劲了。朱庆昆直反翻说，啊，说得挺好，一个人能分五十块钱，干完了，怎么又说拿出几个来济贫。剩下的都收去了。嗨，你怎么听他的呀，他们多会，都是先给你给热罐子，抱一会就凉你一下午。这一下子是冰凉梆硬冻手，再可不干了。上当。再你还得干，哪一回没上当吃亏啊，还是得干，干的劲头更大。可是和我来往的人很少了。在街上遇见也很少称呼干姑爷尤甚了。

1965 年队里烤烟，一般平和无事。一天下午队长郭吉焕告诉我说，吃了饭来开会。有人问，什么会。他觉得没啥事情才问。队长说，选举会。哎，这时候选什么举呀。我也不知道。你队长不知道是什么吗，选举，来个人叫咱们队选他为代表，那他就去代表呗，还得非选他干啥，是谁啊。我也不认识姓啥。既不认识，哪还知道他姓啥啊。

哎哟哟，就是这么样的，也叫做选举呀。可笑之极。还有更可笑的呢。命令式的选举，也像强迫式的收买是一样，换汤不换药，都说成是人民自愿，一致选举他。二队选队长的时候也是同样的做法。大队来人，郭吉宽，来到就说，你看我郭吉宝兄弟就是那么肯干，干啥都不撒滑，也有点毛病，爱长头发的（女人）。大伙一听，噢，队长还是得选郭吉宝，不选他，看是怎么样。开选了。他那讲，把眼光擦亮点，选能够为人民服务的，能给咱们办事的，眼光放宽点，擦亮点，选谁他也不搭拢，光瞎白活。眼光，人民的，好长时间，大伙觉得这个队长不选他是不行，非选他不可了。有人出头，报告，谁，你说吧。我选个人，看行否。不行就再旁人提。你说是谁吧。郭吉宝，都没听着呢，他先带头鼓掌。一勺成了，你选的不是他要选的人，不行。得选到他要选的人才行呢。一队也有啊，选队长朱庆福讲完就有人说，我选张尊旭。奥的一声，你选他能行吗？怎么不行，他能干得了吗？我看他干得了，或者干得更好。他不是也有被选举权吗？没有被选举权，我就不选他了。选举也是圈子，套个毛泽东选之极，是谁也不如他霸权主义者，都是画圈弄套，完后就说是大众一致选他了！上秋烟房子里捆烟，爱人和张瞎子开玩笑，捂她的眼睛叫她猜。晚间回来和我说，我说你怎么和她开玩笑。看着她不讹上你的才怪呢。能吗？她还说和咱们有个论头呢。没过几天，果如我言，赖上了。找证人，同伴干活的，六七个妇女，也没听见她，叫苦连天的喊叫，她住院时没人抬她，我报名去抬，不用说，你不是民兵，人不够，我去吧，才去了。我是看医院大夫说啥。大夫说，她这眼完了，治不好，黄太富说，碰了。大夫又说，不碰也不行，没治了。就回来了。这些穷小子们死盯着我上了。我那个干姑爷干儿子干小舅子都他们的虎上不放，这就是，是福不是祸，是祸躲不过呀。不承认上访，谁说也不行，开支硬扣去二百元钱。说理的不当权，当权的不说理，是都看着我，趁狼多肉少啊。

李建成骂说，你们你他妈的插圈，讹人家的不得好死。还真叫他说着了。张瞎子他儿子是军官，和儿媳妇不睦，哪能好，折腾死了。王吉祥中了瘫痪卧床，粪尿泡死了。朱德悯孤身终世，张玉八尚在。

孙长林在石崮上打柴相遇，说起张瞎子。他说瞎婆子啊，一贯的讹人，现在她这个房子呀，是队上又给她盖的。先给她的房子她卖了走的，还讹了谁，这回又来了，又要房子。这个瞎子惹不得，沾边就赖，黏糊不过她，看，要照你这么说呀，我早就承认给她了，他们指定叫我承认怎么怎么的。

回来和爱人说张长林说这个瞎婆子惹不得，她净讹人，沾边就赖，这回叫她赖上了，揭不掉了，反正得叫她沾一糊皮去。爱人还挺懊悔，已经沾上了，后悔也无济于事了。钱，他们也扣去了，在那去吧。以后慢慢的说吧。就这样拖下去了。郭德勇老娘们直撩火，说和她干？谁不知她张瞎子，还幸亏是没和她干，真要是和她干起来呀，那就更糟糕，一嘛事了。

心思着等运动来呀，又和朱德成打柴相遇，也谈到这个事。他也说，张瞎子眼斜心不正，她也讹了不止一家了，可人都是这样，守着谁就捧谁。

浩劫大动乱，俩六加一五

1966 年秋天，嗬，运动会来到了。先是小整风二十天，先整的就是我，大队书记曹永富讲话。我听这个风头是冲我来的，赶紧承认，担当药费，算完帐，一百一十七元多钱，下午又出来十一元钱，就不敢抗拒了，共计一百三十元钱的损失。把俩六加一五接来了，以应验民俗的话吗？

民间有这么一个俗语，说，这苦不算苦，俩六加一五，童谣民俗，都不能落空。早晚得有应验。1966 年是两个六，还有，这年是中华民国五十五年，俩六加一五的数，够了。再看这年的苦是怎么样的苦是什么程度。

王洪文在上海市，不起眼的一个人物。造反派一举夺了上海的权，受到野心雄厚的毛泽东的赞扬拥护，看出有机可乘，顺着杆子急爬直上，来到北京尚未有大作为，申公豹贴出第一张大字报，炮打司令部，使他大胆行动，抓到廖沫沙等三人以黑报社的罪名处死，首先打头的死了几个，毛泽东说，一个也不杀，大部分不抓？开始就杀几个，欺骗局面暴露。

北京清市，凡是有历史问题的，或者有国际影响的人，一律清除出北京市，概不容留，没收财物存折等，比土匪尤甚，还越来越变本加厉。

　　紧接着大肆捕杀，仨人一伙，王洪文大显身手啊，大专院校闹中央，中小学校闹街道。许锐鑫夫妻被遣送到宁安县，公安局不收留，也有送往浙江的，到那儿都拒绝收留，你送来的得给留下口粮和生活费。等留下了，来送的人也走了，告诉你，走吧，愿意到哪里去就到哪里去，别失去联络就行了，有事情好找到你。

　　许锐鑫头次来，夫妻俩在北京时，那些红卫兵小将搜去了三千多元的存折，入了财政部。来时押送的人在火车上乱喊乱叫的，看哪，你们都来看吧，也不知看啥，来看了，啥也没有，刚散了，又喊看哪，你们都来看看吧。这就是地主婆。地主婆就是这样的。人来人往的，闹个不休。小孩也哭，大人也骂，什么声音都有。看也没啥，骂不绝声的。往回走日你妈的，看他给啥，你他妈的卖汕音，趁机偷盗吧，大家注意呀，有贼卖汕音，别上当，稍停一会，安静了。

　　他这一来呀，郭家门大感不安哪。他在伪满时期是警卫，响当当的打，要这会儿那些穷小子们上台了，他已是阶下之囚了。影响了他们的好成份的社会关系。郭吉岐是大队会计，还是党员，大大的不满。他就忘记了，想当年挺腰鼓肚的吹张三姑父是警卫，能撑劲了，可也是啊，全仗着党撑门户哇，看得极其看重啊。没过多久，又调回去了。妻子气疯了，又回来就是一个人了。俺俩还挺说得来。一次我说，他妈的，活的没劲。他说没劲也得活着。叫他折腾死，也不能自己死。

　　火烧莲花大队，小队也烧焦了。海外版简直就是红匪一样梁金贼种说，什么他兄弟，是给他开支呢。好贼种小子呀，鼻子抽哇抽的，被闲的，给他们跪着每天得向毛泽东老贼请罪。有什么罪呢？糊的大高帽子。这些小子们神气等等的，想打谁就打谁，没有王蜂了。这就是没有王的蜂。下放青年再加上支左部队，乱哄哄的，闹个不休啊。

　　申公豹老贼藏了，不敢出头露面，躲到杭州西湖，称虎林，武昌龟山称江夏，是古代江夏县。学校停课工厂停工，打回老家去，就地闹革命。学生停课了，向老师夺权，到家和父母争权。这成了个什么世界呀。父子倒过来，儿子成了爸爸，爸爸再当儿子呀。老师当学生啊，俩六加一五，就这样。民俗有话说，你净颠倒黑白，这就是颠倒黑白。父子颠倒，师生颠倒，婆媳颠倒，夫妻也颠倒。那怎么颠倒法呢？夫妻二字，夫在上啊，这也得夫在下么。成了什么样的世界了。这么混乱就是社会主义革命的新社会吗？这还不算乱，还有在后面呢。

　　牡丹江爱民区有个媳妇和婆婆夺权。对婆婆说，人家都夺了权，我也得夺你的权。你管我叫妈。行，正赶着亲家翁来了。中午做饭，婆婆问媳妇说，妈啊，咱们做什么饭呢。那媳妇应声后，吩咐做什么饭。亲家听了，不解其意，莫名其妙。问亲家母，这是咋回事。你怎么管她叫妈呢。啊，不是都夺权了吗，他也夺我的权了。

　　噢，原来如此。好。饭后说他闺女，跟我回家。你妈想念你。跟她爸走了。她爸先到家了，看她来到，说她妈，快出来接咱妈。咱妈来了。她妈看见是自己女儿，问，妈在哪里呢。那就是妈。老婆不解啊，问老头，说明原因，她婆婆的权都被夺去了，咱还例外吗？原来如此。老两口子按倒就揍，拳打脚踢，打得她叫苦连天，祈求可不敢了。才饶过她。

　　这些小子们停工停课，到村里谁都不敢惹他们。工人厂里开钱，他们每人要二十斤粮票，二十元钱。干啥？去串联。上北京见毛主席去。

　　大革新，铁路信号改变，红旗开车，绿旗停车。这个改变旗号，也得一致的改啊。红卫兵啊简直就是洪匪兵，闯祸惹事，造成撞车、伤亡事故。申公豹老贼密匿了，江夏虎林不管了。谁死了该死，去吧。不关我事这算什么呢？

镜泊湖，北湖头码头上有只停泊待修的船。红匪兵强迫开船，谁也不敢挡啊。四十来人，有一家三口，老头领俩姑娘，一个侄女一个女儿，上了船，开出码头。码头工人说，走不多远就得坏。说话不久，船翻个了。还没拐弯。拐过弯去呀就看不着了，再找船去救吧，还没有从别处开来的船，赶忙去救。翻下去的人，爬上船底的有一半，那家三口的来两个老头和侄女上来了，侄女抱着他哭，老头安慰她别哭，一会儿有船来救助，去的船靠近得急了点，又把船撞得翻过来，这回完了，一个也没上来。四十来人齐葬水府，或者说是他们该死就完了，要不应该说啥呢。万人大会斗争大会，叛徒，反革命，现行反革命，历史反革命，坏分子，地主，富农分子，特务分子，右派分子，走资派等等的，挂上大招牌。挂牌的人，无论谁打谁骂，都不敢反抗，叫撅着就得赶快撅起来，屁眼朝天。

宁安县长吕绍先瘸了好几年，每天都到各商家去，理发店，饭店，旅店，工资也扣除，每个月只给三十元生活费，以后又到各生产队去，瘸着还有陪同的三个人。有个叫冷静的，我们共同瘸了一天，在高台上，身背后，更高的台上嗷嗷的叫喊，打倒吕绍先，打倒冷静。我队上的十三名，县里的四名，一共十七个人。打倒一遍后，下台围着会场走着，嘴里叫着自己的名字喊打倒某人。呵，老鳖耍流行，柄全在手哇，那你犟不了。

一开斗争会，那个瞎婆子就去诉苦，万人斗争大会开过多次。在东京城万人大会有个大叛徒，黄晏阁是首长，李范武的大舅子爷，那个大台子摆得满满的。这个来打一顿，那个来踢几脚，这可真的如牛如马了，牛马如果有人打它，也会躲闪啊。这会上谁敢躲闪啊，捉着挨打，这就是俩六加一五的苦头了。到来这些苦难灾害都是毛泽东老贼硬加给民众头上的西莲花教员献殷勤给张瞎子，带领学生打柴，堆垛完了，不走，唱歌。有个学生去亲家吃饭，他带走时，不查点人数就走了。吃饭回来看，都走了。追吧。也是凑巧，拖拉机顺路前行，哎，就个便车吧，就从后面上车了。开车的人不知道，看见一条人腿甩过去，急忙刹车。看时，还有大半个人在车后。这时候心慌意乱也晚了。小孩还问，我还能活吗。这孩子死得够多么冤啊。他的父母爷爷奶奶多么心痛啊。老贼说，一个也不傻，这是否算杀呢，撞车翻船，死了有多少，上哪里去计算啊？

申公豹老贼说，一个也不杀。文化大革命起来就把东京城市场税务员打死了一个。造反派红卫兵造反有理，这回可像拿到圣旨一样的无法无天的。自己，人人都说了算，势比天大呀，为所欲为，天都不是老大了，自己是老大的大哥了。腰上插着扁担横闯。撞车翻船等无辜死了那么些人，算不算他杀的？祸有头债有主，他不制造劫难，他们不可能就死了吧。

这也是劫数吗？难逃在劫，在劫难逃呀。他怎么不在劫数呢，老贼是制造劫数的，旁人都劫了，他在庙堂上难受，来拆庙砸像，给他自己单修一个庙就行了呗。庙堂没有了，归位也没处归了，声言他死后火葬。他奸猾之极，准知道不能焚化他，自己先说死后火葬，是叫旁人火葬他住庙，还有活小鬼，死活人都在内。1967 年末 68 年初，春节前夕，三弟邮来钱，是给我过年度春节用的。我出工回来，爱人叫我推算三弟能否给邮个钱来。一算哪，顺利，喜讯之兆，说，能。今天不来明天准到。她说今天来了。邮递员送来的。问他哪里来的信，宁安。拿来我看，是银行来信，叫我带手戳取款。

告诉她别吱声。过年，初六七你去看病，到牡丹江孙绍云或者财政局开介绍信去哪。在这里让他们知道了就要出去了。哎。到牡丹江那也不开。我想的，不开就不开吧，我就说，忘炕上了没拿。带两个姑娘去，问介绍信。看事办的呢。她爸开来介绍信，放在炕上忘了拿。这事办的多荒唐啊。直个劲的道歉，问，拿手戳了吗？手戳拿来了，是早预备好的。她爸开来介绍信，放炕上，一着急慌忙地走就忘拿了。看这事情呢，这是怎么说的。拿手戳给她看。俩人看戳的人说，就是这个戳，他不断的在这里拿钱，错不了，给他吧。银行里给了，可惹麻烦了。财政局来人说情更麻烦。周恩来是国务院总理，对他的养女都说不了情，你给我说的情能行吗。一说，他们就问他是什么根底你知道吗？不知道他在场时间不长，只有半年，底细不清楚。他是特务噢，莫怪，他来了钱，到局里开介绍信呢。对了吧，他没给说情，反给透露了钱的秘密。没有证明信就拿出钱来，对我怀疑是特务分子更加深入一层。来搜查，锤墙砸地，讹诈，大人小孩单独讯问，对他就说，他说的你知道，我也做好准备啊。对孩子们说，他说是谁说的，你就说不知道。谁说的叫谁来对证。叫谁去办，叫谁去拿，我不知道。郭成华在预备会上说，小屋里电台藏着，我心想啊，这小贼，诈我呢。朱德晏在闲谈时说，刘春兰有这么个把握花他的钱了，没做他的事，我好险上当。顺杆子爬上去。猛醒，爬不得，一爬，贼小子们就认真往里窜，就没拿的。坏给李庆丰小贼，到宁安银行问给钱的问题。银行回答，他的钱给他，有什么错误啊。他没开证明信。证明信是对不认识的人的证件，我认识他，没有冒名领取，就可以不凭借介绍信证明领取。你有意见？没有。你是对他怀疑，有不正当的问题，是吧？

朱德悯贼崽子也到牡丹江孙绍云家查问，是属实。他们这些贼小子们没法了，把我关在小屋里。关押了三天，每晚吊打审讯，就像审贼似的。这也都是毛老贼的遗恨罪孽。全国有七十余万遭受折磨的人。另外还有一亿以上被牵连的人受到折磨。陈伯达在冀东区一次讲话，之后受影响的有八千三百多人卷入受害，其中死亡的有二千八百多人。

　　陈伯达冤种混蛋之极，给毛老贼当过秘书，开过汽车。在河北省阜城县办过秘密好事，费力攻击国家领导人。这些功勋也难免被打倒之。监禁数年之后判刑有期徒刑十八年，名列四人帮之内，冤死了，比他们。他们九人还强点。有人挽扶着上台，其他人都是自己走上台的。

　　1968 年春天因为贼小子们没有把钱拿到手，气急败坏地对我施加迫害。许锐鑫逃出国外，也逼我承认知道。我坚决不承认也拉倒。我爱人也气疯了，赤身裸体地跑出去了，被邻居送回来。干小舅子干儿子把她吊起来。这些贼小子们罪恶滔天，游泳逃往香港的每周都有两千多人，香港收入的人数，不一定都能过得去吧。死在海里的有多少，还能计算吗？申公豹贼小子说，一个也不杀，这么些冤屈死的人，算不算是被杀的呢？说蒋介石杀人二百万，都是他动手杀的吗？

　　国际上评论说，毛泽东仁人七千余万，他自己还会说，那都不能算是我杀他们，我没看见他们，也没听见，他们就死了，怎么能算是我杀的呢？

　　毛贼说，真理在他一方面，只有他说的真理，一个也不杀，就死了这么多人，再看看他大部分不抓的。

　　贼小子没得着钱，吊打非刑的，逼我说大的，说干的，干儿子干姑爷都横鼻子瞪眼的，叫我说大的，说干的，净要干货，逼得我没法了，说我说一个就行，好，你说一个吧。我说，美国侵略越南是我策划的。好，行了，再甭说了，你连美国都指挥动了，云散天晴了，没事了。以后有人说，你怎么说的这么大呢。他们听了，责斥他说，叫人家说大的，看，这个大吧，你又处理不了，叫人家杵了，还说啥，没的说了吧？

　　江西村修拱子桥，各附近的犯人都来修工啊。在学校住，大朱家屯的几个贼小子，专门折腾朱德尚。他在满洲国当过警察，对，既往不咎嘛。这么多年了，还纠结啥啊，叫他跪着打嘴巴子，两天，这屯的小贼子们商量，咱们也打他那屯里的，互相报复。一个多月过去了，尤其是这些小娘们，半大子姑娘，更孬又坏。在江边捡到他们一个垫肩子，藏起来不给他们。没见，我也不使用。过好几年，看着了，还问，也不行了。黑夜里来搜查，走了，钢笔忘了，翻箱倒柜的放起来，俺家也没人知道，一回来找，你找吧，俺没动，你们走了，俺们都睡觉了，他找一阵子，没有。他妈的。我早就放别处去了。谁也不敢住我家去了。都怕粘连上啊。秋天白天干还不算哪，晚间加夜班，一天给三分。郭德学贼小子说，三分也不少，他们每天有分。

1968 年八月十五，月全食，干一阵子，黑天了。回去吧。劫难之年，天也愁了，没经过月全食，每年烟房子油房都是我的工作地，呵，我是坏人，他们是好人，干吧。不用我，老石金财烧火，把烟房子烧着了，油房出的油也少了。一天晚间，干完活收工吗，家里都给送行李来了。

这就是毛泽东老贼说的大部分不抓。是不抓吗？一个也没放过，哎呀，还就是我家。我打日本犯罪了？老婆被瞎子赖上了，家里剩三个十来岁的孩子，一天三次往看守所送饭。送得晚了吃不上饭，也得去干活。孩子晚间不敢睡觉，怕晚了饭。这是什么年月呀。整个的全国大监狱吗？城市更凶，两派斗争，到乡下雇人打仗，每天 3-5 元，国家有的是钱，开仓破库没人敢拦也没人敢当。全国的大战场比日本侵华战争还大三倍，比军阀混战还宽大还混乱，这就是平等自由的社会主义社会国家，就是这么个样子。冬天又进来五七干校，实在就是无期干校，没有期限，住烟楼子上一个姑娘从顶上摔下来，腿摔坏了，还有些人说是庆功楼。不是，庆功楼上有桌酒席，吃吃喝喝，那面小炮响楼倒，死就死了就完了，后代儿孙袭职续后，既不是庆功楼也不像未央宫。未央宫只有韩信一人临难，面积小，这有多少人呢？上至中央党政两府，下至农工商学各界，就是没革军。若是革军就更乱糊稀糟了。

飞机大炮坦克机枪步枪等都能拉出来使用上，比八国联军中国只用三百万平方公里做战场一亿八千万民众参战，文革之战，普及全国，连同通上下。

　　渤海公社制造红海洋，每户都悬挂红旗，高杆高举。牡丹江于参谋讲，你能摆上用那些名酒瓶子，就不能买张毛主席像挂上吗？呵，纪念章，毛主席语录成了宝贵珍品了，谁胸前佩有纪念章，走路都得是百般警惕，不慎就给掠了去，都是用手捂住走。纪念章好贵重，也是名盛一时啊。我家什么形式物质等的都有，不是买的，没有给送的，也不是抢掠来的。我积肥，都是在粪堆里捡来的。隆重一时罢了。哎呀，林彪，增称毛主席四个伟大，伟大的领袖，伟大的统帅，伟大的导师，伟大的舵手。自称副统帅，先吹捧毛主席暗地设阴谋策划政变。妻子叶群整修住宅。呵，这些小毛贼望乡台上打莲花落，不知死的小鬼们，一天三次祝愿，手拿红宝书站在毛主席像面前宣誓，誓死捍卫党中央，誓死保卫毛主席，刀山敢上，火海敢闯，油锅敢跳，只是空喊，真干吗？谁也不干，和我在烟房子烧火的几个人，夜里不敢自己干。问他，你没宣誓吗？刀山火海油锅都不怕，这还怕啥。过几天他说，不怕了。听你说的。还祝愿伟大的领袖万寿无疆，万寿无疆，副统帅永远健康，永远健康。夜间轮流值夜看守，小孩崽子们有时候几个人来要去给人打闹。随意任凭折腾一阵子，当玩了。脖子上挂着重物秽物玩够玩完，送交看押收管，这是申公豹老贼说的，大部分不抓，什么样才算抓呢？乘机偷盗，林慧敏坐夜失慎，手表丢失，往犯人身上推脱，复员军官苏志祥说，他们绝对不敢造次，这个人哪，不是和你有玩笑不分的人，就是绝对有权威的人。你如果发觉了，和你开玩笑闹着玩，或者是考验你是否有警惕性，都可以遮过去。他们若是被发觉了，说什么能够遮得过去。闹着玩？你是干吗的，和我闹玩。还有什么闲心闹玩。考验我，你有什么资格考验我。没着落也没破案的专家。两年以后开党会，有人在厕所里捡到了。好奇怪！

这年冬天好歹的算过去了。69 年春天这些人调往大朱家屯打石头，派我做饭。有个青年点上做饭的小杨处得挺好，他哥修江西大桥淹死的，我们十多个人也在他伙房里做饭。每天中午那几个姑娘站看揭锅，八印锅从上到下的细长锅贴焦黄的，黄疤敲敲叫他们看，显示火候手法。张玉儒小子追究郭吉成，郭说，也说不好，写吧。

斗朱德延走资派。李长祥问，朱德延，你说你人入党了，心入党没有。朱说，我人入党了，心没入党。你说我人入党了，心入党没有。你人入党，心也入党了。啊的一声，这表示什么意思呢。郭德勇的老婆指着朱德延述说，你拿钱欺骗我们，蒙蔽我们，我们要权，不要钱。朱德延说，好，好，给你权，我不要权，我要钱。钱也没有。

1968 年大队核算劳动日值。七个村八个生产队，三千八百多人口，155 元，平均人收入一元五角，在牡丹江地区拔头子。呵，吹起来了。

1969 年清明前几天，中午传给我们，下晚到西莲花开大会。郭吉成也没写完，我就怕开大会。那些贼小子们哪，无法无天的瞎折腾啊。这个打过来那个打过去的，教员支持学生行凶，往膝盖下垫石子，扔石头打人，学生抛出去，教员往回捡，嘴里喊叫，你们不扔不行吗，阴险之极，万恶之极。

在天心村开大会，都是莲花大队的人，搭的高台，叫我站高处。干小舅子拿着麦克风叫给我说，转着给众人看，我感觉挺有兴趣呢，讲话式的观礼台，正在观礼得意，来个小子打两个嘴巴，说，你卖什么风，好小子看出我得意之处，以后在响水相遇，甭客气，滚蛋去球。

老贼说，大部分不抓，普通抓净，一个也不剩，严密监禁六七个月，下午又开会折腾去呀。吃完饭有人带着奔赴会场，到会的人不少，大房子里黑压压的。我们这号人都撅着，爱人也在对面的，一边人群里撅着。一个小小子拿剪子剪她头发，另一个小子说，你那是干吗。小小子还得意的笑了说，给她理发，还不好啊。俩人一笑，作罢了。老贼这是整个生命天地啊。头子说了，坦白从宽抗拒从严，还从多么严啊？有问题的交待问题，都交待号几年零好几个月了，有多少问题还交待不完呢。真上来一个人，磕巴磕巴的磕巴半天页码磕巴出啥来。头子说，行了，一会你向会上说。去吧，解除他的看管。哎呀，啥也没说，出来就解除了管制了。也去说说就好了。往回走的路上这么想着到家还往看管的房子去呀。嘿，没人管了。回家吧。解除那人的看管，这是个套。

1969 年，68 年莲花大队报称第一，又说又讲的，还得靠副业呀。不是林牧副渔，缺一不可呀，八个生产队，每个队四辆大胶皮车，三十二辆大车。车不少，都不出勤。修车去嘛。新车轱辘，换个破的来，在家的出勤车不到半数。谁也不往好处干。夺权来了，都有权，当家了。种地页是互相推让。粮食减产人口增多，副业丢失，公购粮增加。这回不像去年那样气魄了。各队会计都到大队算账。有人问怎么样，能开多少钱。嗬，块二八毛钱呗。真开支了，那块二没有了，八毛也不足了。剩七毛一分。嗬，可好哇，没有存钱户了。领口粮都费劲了。郭吉宽，不宽也蔫了。

种地的时候小儿十五虚岁，和一个姓张的小孩俩轧滚子。一人牵一头牛，中午回来哭了。问他哭啥呢。累了。不是和张三俩轧滚子，一上午没休息，回来他们说轧得少，净玩了。去念书行吗？行。和张三俩说好了，戏曲去天新，和老师说去。行，去吧。下晚回来，问他怎样。老师说，愿意念明天来吧。哎，又念书了。

这年更糟糕。贼头说，大部分不抓，也都抓了。一个也不杀，逼迫得罗瑞卿跳楼自杀，治死刘少奇，吓死爱新觉罗溥仪（宣统），贺龙，陈毅等。

不抓的都抓了，最怕的是刘少奇，怕他夺权怕得要命，最恨的是彭德怀，恨得要死。叫你挂帅，赴朝助战，不往好处保护我儿子，叫他死在朝鲜，没有接我班的人了。亘古来年开国皇帝没有断后的。你作孽多端，罪恶大于桀纣，万恶滔天，天不容你。孙中山让位，大总统他儿子孙科还坐大总统。张作霖大元帅，土匪出身，他儿子也当元帅，称为少帅。你叛变两次国民革命政府，害良民孽大堆的，诸葛亮曾经说么，谋事在人成事还是在天哪。害死刘少奇，心里安稳些了，不大害怕得要死要命了，虽然没儿子接班，可是没人夺得去了，安心多了。

老贼又发出指示说，男同志能做到的事，女同志也能做到。这就说明他的意思是说，我没有儿子接班，还有姑娘可以接班。厚脸皮黑心粒，霸权主义，独裁专制野心家，阴谋家，贪得无厌，占全了。

1969 年过了，开支七角一分。1970 年更糟糕，一年比一年更糟。林彪五台山修住宅，花钱多少，那是他们领导人。老百姓劳苦大众有的是钱，收了山河土地，工矿厂商都集中到手，不花留着干啥用啊？叶群夫人告诉参谋说，你们给副统帅盖个小草房，叫他休养。休养啊，你看，他这个小草房是怎么样给铺张。他不折腾老百姓，不苦害民众，花钱多少，他花去呗。有什么相干呢。据报纸公告的消息，在五台山上，那也没看好。看好了，五郎庙和金刚窨沟，开始动工。汽车队运送去炸药。国家古迹保管委员会的人阻挡说，这个地方属于国家保管区，不得任意破坏，必须请示批准方可进行。你们请示你们的，我们不管。你们也甭管我们，我们干我们的，我们是执行命令来的，打眼放炮崩山，炸倒五郎庙金刚窨庙里的僧道尼姑等众，一律驱逐出庙，打成牛鬼蛇神。大批的支左部队开上山来，轰轰烈烈地干起来。这个宅院每平方米用费七百余元，木材都是南洋进口的黄杨木。房舍光亮，不要有灯的感觉，空气不要有风的感觉，房顶不要有压抑的感觉，舒适异常啊。床，帐，沙发，桌，椅等都是特制的，院内有直升飞机场，内有执勤人，外界派巡查，严禁之极啊。阿比西尼亚国，一世皇帝，海尔塞拉西前来访华。蜡头也不高了，火焰也不旺了，74 年政变被害，积蓄的一百亿美元丧失在法国。人都是这样吗？越穷越是外白。黑倭子演政变也没长久，十多年又被推翻了，成立联合政府，受联合国监督。赤色奴役政策不会长久，苏联轰轰烈烈的，还侵占去中国的江东六十四屯，三四万中国人被推入江中淹死，中共分子掩护苏共，推给沙俄身上去，说是沙俄侵占去。这是 1929 年，中华民国十八年的事情，中共一字不提，只说沙俄侵华，日本侵华，斯大林老贼是他爹，子不言父之过呀，那能说吗？

住在美国的华侨专家博士工程师技术人员等集结数万人意图回国建设，成为世界上富强的现代化新中国，但有此心，事兴想反。回国以后被中共分子视如仇敌，被歧视侮辱之甚。

尤其是毛泽东老贼，更是敌视。中国人爱中国，抗日的中国人都被判处徒刑。你们想建设中国，使中国强大起来，他有多么难受哇，能容你建设吗？他是追逐赤俄，穷的屌蛋精光，饥寒载道，尸骨遍野，百里无炊烟，他舒畅愉快。幸灾乐祸的满足得意了。他说，接收到的国民政府，一清二白的，破烂穷摊子。穷吗？你还往穷里折腾，不是更穷了吗？给你建设吧，你仇视建设，判处徒刑，劳动改造，他们不会劳动。

孙中山接收满清政府时，那个底子不只是穷破。中国四分五裂的，各大城市都有八国租界地，还有沉重的赔款负担，外债他都没说破烂。你嫌破烂，等他建设得富强了再接收，有多么好呢。着急的接收干啥呀。老贼，归侨来建设祖国，被罚劳役，打到北大荒劳动改造，不堪其苦，死伤甚众，所剩无几，再也不敢来了。也没建设了。祖国落了一身病残，何其值也。惜哉，哀哉，苦哉。老贼罪孽甚也大也！为之痛苦也哉。

苏联巴枯宁说，一切的政权都是欺骗的，还就是，毛泽东老贼，骗局大！

骗了，蔡廷锴杨虎城张汉卿高树勋等人。

尼克松访华　林彪大失败

1971 年美国大总统尼克松约请毛泽东访美。老贼奸猾胆怯，不敢应约前往，拒绝不去。他是闭关自守，恐怕像西哈努克似的，出去就回不来了也未可知。他走了就有变，他拒绝访美之行。

尼克松说，好，你不来，我去访华，看望你如何。这是两个性质的问题。请你吧来，我去看你，也不行就不好说了。他还是真有喜欢他来，捏着鼻子答应他来了。这答应了，尼克松做准备来华啊。准备来的人员，礼物，练习使用筷子，人员带来不少。礼物吗？黄烟籽下印了种了，甫烤，阴干，自然黄，叶子宽尺余，长三尺左右，色黄亮，味清香。好不好呢？好是好，骡子。骡子是什么意思呢，断种，无后，他不结籽。

他那些随行人员到处乱窜，净找贫困缺点。物资方面尤甚，一个妇女穿着不强，今日菜市场，美国人等在门外，意思是看她买些什么东西。这个华女警觉道这一点，买一块肉，一条鲤鱼。没有钱付。服务员说，没钱你怎么买这些东西呢。她说明原因，服务员找到领导说明，才让她拿走了。这叫什么事情呢，虚张夸耀。

朱德悯小子褒贬美国人来北京捡烟头，被中国照上相，又扔下，又被照上。岂有此理啊，净往着急脸上擦粉，往人家脸上抹黑。朱小子还这比做样的香啊，再下贱，总统的随行人员就这么没体面，我都不信。

北京市各个商店摆满商品，价格低廉，投机人趁美国人近来参观之际，也趁机买点合意的便宜货，过时就买不到啊。美国人走到哪里都有人伴随，商店里也陈列齐全。中共就会虚狂吹牛。尼克松此来有成绩，比海尔塞拉西访华有功。在北京设宴招待大总统，宴会使用过的筷子随即被加拿大人接收去了，又有人来接，晚了。同中共国家建交，打开中共铁幕大门，再也不是铁幕了。美国华侨都称赞尼克松是英雄。打开中国的钢铁大门，闭关自守也守不住了，被美国资本主义国家一脚踢开，破碎无存了。选派留学生去美国留学。闭门赶美赶不上去，去学吧。去学的人到那里一看，嗬，这么新颖先进，学了回去也无用武之地，无济于事。又说，我学来资本主义羡慕崇洋，对我歧视入骨，也像科技人员回国建设似的，打入北大荒去劳改，还不如不学，省去一切麻烦。可不学怎么能够回去呢，回去可怎么说呢，左右为难。前后踌躇，最后决定自杀比较省事。又想啊，来上学，啥也没学就自杀了，怪可惜的，嗬，这也怕那也怕的，还有完吗？死就死吧，早晚还不得死吗，最后还是毅然决然的自杀了事。是公费留学生，又是高级干部的子弟，钱充足无忧，权优异，有恃无恐而自杀，为什么呢？

可见，是毛泽东老贼的作为。由于这一自杀的将问题看透，人皆痛恨，是不得人心的表现透彻。引起林彪继续革命。毛老贼说过的呀，继续革命，不断的革命。林彪这就是继续，不断的革命。革谁的命，革毛泽东命，但是革法不够成熟，常荫怀杨宇霆二人革了张作霖的命，一革成功，冯玉祥革吴佩孚的命，也一革即成。毛泽东革了那么些人的命，都革了，你革他的命就失败了。虽是失败了，也打下他的基础了，只是时机不到而已。

尼克松总统访华建立的功勋不小。一个是打开中共的铁幕大门，再就是探讨出共产主义实在不得人心的本质。公派临行时还都是高干子弟优越条件具备，为什么要自杀，是个神秘问题，难于理解。林彪搞政变，贺龙要搞军变，共产主义的骗局露骨的不得人心已深哪。但他紧密地把握军心不放松，军心也不坚定了，越南之战发生逃亡事件，富锦北中河村逃回一名，被抓回去就没消息了。

再加上 1970 年的糟糕。开支是一个劳日除干净剩，四角一分钱。郭吉宽蔫得不出头露面了，县里下令分开。大队核算不行，分开小队核算。若是不分开啊，就得往回找钱了。油房里，烟房里又恢复了。我的工作地，烟房子烤烟技术员高彦令和支书说，叫我去了，交给个任务，能完成吗？我说行。他又说，上烟房子烧火，可不敢去，向石金贝提的，烧了烟房子我可担不了。他说不要紧，加点小心是没事的，烟不起火，没有了火引他，不要紧。好，去就去吧。又去了，烟房子停火了。

油房里他们有人去生火，三天没生着火我也不知道。大队支书告诉我明天去油房点火，哎，去了。看是有人点过的样子。锅里的水不多，还有干粮，一块一块的，炉条乱七八糟的，也没往好整，摆了摆炉条，锅里添上水，架上柴，好歹点着火了。不一会支书去了，看我烧开锅了，说，光犟不行，不服气他们点三天也没点着火，锅都没烧热，他来就点着了。我们这班，头班开张，他们俩班，看出油率。问他们烧的什么，金兴弼朝鲜族人说，烧的煤。他们不信。能吗？不能。我看着就是烧的煤。他们烧木柴，所以嘛，说烧煤他不信，一个冬天又过了。1972 年开支一元多钱，没分大些钱罢了。领粮食，甭发愁了。

　　阜新来信叫去，孩子们不愿意去。有人出主意，去吧，到那是工人，挣钱给你爸邮来。不比在这里强吗？公社里也不好去，我说不去。不行。去了就没事。那小子古怪。他吃供应粮，一个人的口粮，一去三四个人。他的工资不多，买粮食吃，用不了几天。吃就吃吧，他吃孬了啊？去就去吧。省了麻烦，哎，去了。姑娘不去，你们先去吧，弄好了行了我再去。我怕挨饿，告诉二小子，你甭管他们怎么样，到上学的时候回来上学，杀猪拉磨，拿着肉面大米等。娘儿三个人上火车去了。嗬，春节后，上学的回来上学，不上学的去实锦（丹东）了。

农业学大寨　舆论周恩来

　　周恩来总理在全国都说是好总理。实际上说，算不上是好总理。他只能服从听令。不能为国营政。毛泽东苦害全国上下人等，他坐视不谏一言，任其为所欲为，致使千百万人受害。林彪出逃他建议坚决打下来。他仇视林彪，借故陷害，不为大局，只为私欲，小人之见。养女有难坐视不救，推脱无援，非亲生缘故脱之而已。不是亲生儿女，救否两可啊。他会捧，申公豹问他现在是什么时代，周捧说是毛泽东时代，取得申公豹的欢心，屈指称赞，你真实这一份的。什么份的？拇指一指，是第一无上，鼓足毛的干劲来了。那唐朝贞观之治没有魏征贤丞相辅佐，可能未必就行。他只管坐视落好，谁死谁活漠不关心。国家如何也不在意，能算个什么好总理吗？

有个技术人员向他提议改装铁四轮的烟筒，可节约燃料。他拒绝不改，说有的是油，甭改，浪费点没啥，有油田开采，不也得费工费力吗？

1987 年我去美国时，华侨赵光说周恩来只可算个看门守户的忠实义仆，算不上是个好总理。他位居首相，一人之下万人之上，毛泽东发动文化大革命，祸及全国，他不谏一言，坐视不管。这样的首相有何补于政。大寨支书陈永贵弄虚作假，他知情不理，还支持。

周恩来要用的东西，开个条派人去拿，回来说，没有拿来。另一个人说，我去试试，周说，他去没有，你去就有了吗？啊，也许就能有。我和他认识，去吧。这个人去，拿了回来。周总理说，全国一盘棋，都得走后门，拿着我的介绍信，还得找熟人，这就是有权不如在职。职权在手，你讲说不了的。申公豹安排下山西省昔阳县大寨大队陈永贵任支部书记，号召全国农业都学习大寨，工业都学大庆。这个大庆的工业是什么样子，怎么样的学法，都学些什么，不关农民的事，咱们学大寨。有黑龙江省宁安县渤海公社莲花大队西莲花三队王队长随同公社各队长前往大寨参观学习，回来辞职队长职位，让位，当社员群众。有些人不解其意，说，王队长去学习参观了，回来撂挑子不干了，就学来个撂挑子吗？一队还行，学来的个大寨工分，甭管是干什么活，到晚间记工一天，仨月评一次工，按等级按天算分，也有的年终一次评价，也行！

我理解他撂挑子的意思，也是瞒着说的，还真叫我给瞒着了。我说呀，你们没去不知道，王队长到那里各个角落各方面都看到了。人家那个干法，咱们没法学。就算学了回来要照着人家那么干也不行。可也真是不行，怎么个不行呢？当然是不行，虚报粮食产量，咱们虚报行吗？人家大寨报上去什么粮食多少斤，甭送粮食，中央粮食部门就得照价照数量给钱。咱们行吗？咱们送去粮食，验等级，扣水分扣杂质，钉是钉铆是铆，钱还不一定什么时候才能够给咱们。卖一车粮食罚去了五百元，这还是实锦市（丹东）粮库所为。大寨书记陈永贵来黑龙江视察还说，黑龙江省到处都有猪马牛粪，不往地里送，麦秆也不还田。

我们这里和你们那里就不行。我们不施肥，还贪青上不来呢。要施肥追肥等等，更要贪青上不来了。你们花了一百多个工的功夫起出一块石头的地方能种四棵苞米，还决定像不错。是的我们这里地有的是，种不过来，气候不同，寒多暖少，得是因地制宜。

还有人说，你净瞎扯胡咧，他们虚报能行吗？我也不知道虚报粮食产量行不行，我是 1980 年 8-9 月份在非洲埃塞俄比亚国的首都亚的斯亚贝巴中国大使馆给的人民日报上看到的，学大寨谁能学得了。大寨党支部书记陈永贵，五年虚报粮食产量，共二亿七千万斤，平均每年虚报粮食产量五千四百万斤。这个虚报数字是否属实，那也得追究报社。

批谭还整齐，批林批孔圣

1973 年批谭震林，一次毛泽东召集的会场上，江青到会搅乱会场，哭喊大肆宣讲贺龙要搞军队独立。她有大堆的材料，别人都不敢惹他，唯独她不怕等等。她这么一闹，毛泽东闹得坐立不安，哭笑不得。没办法，说这个问题劲头先不议，散会。都走了。谭震林来了火，拿起帽子拍打拍打，说主席召集的会议你来搅闹，你算个什么东西。这下子就触犯了江青，因此种下了批谭之根。江青是惹不得的，惹得惹不得，会议也散了，人也都走了。她还在地上躺着耍赖。陈伯达看出门道来，心想啊，都走没人了，用不了一小时就得送医院抢救，

我别走，安慰安慰她。拿着老夫子哄小孩子的口吻说，起来
吧，别闹了。你也有点过火了，要不是有毛主席，谁能把你放
在眼里呀。可真是，我真有点看不起你！哎，江青二话不说，
腾一下子就爬起来走了。到门口回过头对着陈伯达说，我也
看不起你呀。这就种下被打倒的祸根了。你看不起她没啥法
的她。她看不起你，整你一顿，就够你呛的！齐白石死了还整
他呢。齐白石是怎么惹了她呢？

　　齐白石是画家，凡是政界上有名望的人都溜须这号人，恐
怕惹他恼火。巧画侮辱。毛泽东一身的污泥浊脏水，能不逢
迎他吗？买份礼物打发江青去探望齐白石老人家。江青满心
想，自己名望出众啊，齐老准得是满面陪笑地迎接于她呀。
大失所望的是，通报人出来说，请您进见。江青闻听请她进
见，就火燎火烧的，心想没出来接我，叫我进见，有心不进回
去，又想，是主席派我来的，回去可咋说呀，进去吧。到里面
齐老坐着连起来都没起来，指给她说，那有座位，坐吧。虽然
江青没发作，怒火攻心啊。有机会好好整整你，还没找到机
会，齐白石老人家就病故去了。文化大革命可有机会了。他
死了，这可怎么办呢？死了？死了也不行，也得往好里整你，
必出了我这口怨气。是怎么样的个整法，具体不详细，反正
他们有个三头主义，1要找到人头认识认识，是不是他，他死
了。2要找到他的坟头，埋在这里，这就是他的坟头3找着坟
头了，得扒出来看看是否是他的骨头。这就是文化大革命的
所谓三头主义。

　　还有呢，找不着本人，找着他孙子，叫他孙子承担。宁安
县渤海公社莲花大队西安村一队郭吉有五十七岁，红匪兵说，
他家打死过人，他不记得这些事情，那些小孩是怎么知道的，
有个地主郭德林比他大十岁，说他不知道。挨打的人没死，
他家人多，叔叔大爷哥俩兄弟等人。夜间进来一群棒子手，
人不多，三四个人，不出去就好了。出去和人家打起来，又进

来一伙，人家人多了，打不过人家也得打啊，互相都有损伤，有支枪他爷爷在屋里打了一枪，也没打着人。那些人听到枪响就吓跑了，受伤的人也都抬走了。双方都没死人，这是个真实事件，他不知道。即使如此，追究他有什么用呢？

批林，林也被摔死了，死了呀，批他还有啥用呢？没用也得批啊，你自己还批不批呢？怎么批，叫他们批去吧！

批孔，那孔子死了这么多年了。反对他的人还不少。秦始皇吞并六国，焚书坑儒，也没长久几年。毛泽东废旧立新，焚书批孔，更短于秦。孔子，谁灭谁就死，谁批谁就亡。文革时候山东曲阜县有他七十九代贤孙。秦始皇想永世生存，不老长生，死的更快。毛泽东想家天下接班制，就可不让位，给别人了，行吗？

孔子没谋划长生不老，也没策划接班人制度。他有贤孙，将近百代之长久。小圣人进京面君。皇帝说，你看俺那门槛子高吧？他心思小孩，无言以对。小圣人说，你那门槛高是高呀，可没有俺那门槛子长了。这说明什么问题呢？毛老贼打倒孔老二，侮辱之极，创新，新文字，改革文化文字等。申公豹你没拆毁孔庙吧，还是得遵奉孔子是圣人吧。

1973 年比较正常点了。瓜地，烤烟房子，我又恢复了工作。瓜成熟后，上烟房烧火。一天上午，李庆丰到工地上问我，你算什么身份呢？我也不知道算个什么人。历史反革命？现行反革命？坏分子？地主？等等，这些铭牌我都挂上了，挂了四面都是，算哪一个呢？要不就都算吧？四类分子够了。四类就行呗。他也没说啥，就走了。

烟房子停火，又去油坊，还是烧火。农历十一月，和魁来信说，我父亲逝世。我找人替工找不着，没人敢替。没法了，等着驻扎停工再走吧。腊月初停火停工，开介绍信，同二儿先到富锦，又停留几天，到家是腊月十四五。打算住两天就回宁安。非叫过年，脑后生疮，医治痊愈后已经过了清明，别回宁安了，回富锦吧。

1974年到实锦，又是新地区，虽有亲属，都是穷种小子们，也是看我生冷的不合。既来之则安之吧。没法啊，他们拿着党员，极其看重啊，就像吃奶的孩子看见了乳头似的，比他爹还亲呢。成份也是那么看重，不知道这是巧妙利用手法。破除了迷信这还更是迷信鬼。

我是1933年搞地工参加共产党的党员。说是江西苏维埃红军。我不满意这样的名堂。红军绿军吧，是中国名堂。为什么加个苏维埃？即使成功了也是个亡国奴。果然真是当了亡国奴，还带来四个老祖宗在中国土地上，旗帜飘扬，忘了自己是中国人了吧？热爱祖国，说得挺响亮，倒是爱的哪个祖国还不清楚，连他自己也说不清哪是祖国，这怎么个爱法呢？你卑鄙无耻的认贼作父还大言不惭地宣布歌颂老大哥。呵呵！是你老大哥也罢，老祖先也罢，在你家里设牌位，安防灵堂，敬奉如亲地叩拜，不关谁的事，与旁人无关，也像蒙古族、回族似的那样用幔帐遮盖，不使外人看见，你还大张旗鼓地喊叫，都跟着当亡国奴。亡国奴能救亡，亡了国就没可能救了吧？你忘了那是国了，还往哪里救去啊？1975年大致好像是安稳下来，林彪要盖个小草房休养休养也没盖成就被导弹击毙了，申公豹要盖个大砖房，林彪的小草房每一平方七百多元没得建成。

毛泽东近况　天安门事件

再看申公豹老贼的大砖瓦房一平米得用多少钱。北有中南海，西有人民大会堂，东有军事陈列所，南有前门箭楼，他在居中，享乐晚年，拥有两名少女一个被称张姐，一个被称孟夫子，芳名锦云，都是在年二十多岁。由于江青失宠了，筑上一道墙加上铁门，严防禁止江青进入。

或许有人说我造谣呢。报刊公布是这样说的：那位张姐说，主席，您叫我们给您念文件，替您批文件，我们还不是党员啊。主席说，你们没写申请入党吗？写是写了，文化大革命闹的，就拖拉下了。我现在不能介绍你入党，你们和江泽民说说这是个什么意思。张孟两人四小时换一次班，轮流侍候吃喝等。

不只是侍候吃喝便溺等事，连她俩的起坐衣着发型等事，毛老头都关注着。她俩烫了发回来，毛一看就问，你俩烫发了。嗯，他们都在那儿烫，俺们俩也跟上烫了。毛说，嗨，烫他干嘛，前面留个大刘海，后面剪得齐整的就很好的发型嘛。这俩人的发型都得取他欢心。老有少心哪。年轻时东逃西奔的不得安闲，这老了也安闲了，也不担心躲藏了，也衰老无为了，也不百万雄师过大江 ，人之将死，其言也善，鸟之将死其鸣也哀啊。

孟锦云小姐对张姐说，我都快到三十岁了，还没有个孩子。你和主席说声，我要个孩子。这是个什么意思，和谁要孩子呢？和主席要吗？这得需要参考理解和斟酌详细内容。受人之托终人之事呀。张姐还真的给她说了，说，主席，孟夫子还想要一个小孟夫子呢。

主席回答说，再等一年吧。再等一年我死了她再要吧。这又是一个什么意思，更需要理解内容。有哪些问题毛主席就知道他再过一年就死了。主席的职位还舍不得撒手，这也像他说的那样，是的，你不打他，他就不倒，也像皇帝一样，不死就不能让位。孙中山辞职大总统，毛泽东不让位，主席这是两个说法，他也会说大总统可不当。

毛老贼霸权独裁手里不放松。你若是早让江青接班在握，不就省了搞政变了吗？政变也没搞成，被判处十八年没杀她，还就是宽大她了。最后她自杀。毛家天下告终了事。诸葛亮说过嘛，谋事在人成事在天啊。毛岸青毛新宇毛远新等几个贼儿子贼孙子，也不早点出来接班。大总统是选的，可以不当，我这个主席是霸权来的，不坐谁还能选我？我就霸不来，我死了他们能怎么就怎么着去吧，我也不管不了。

1976 年 1 月 8 日周恩来逝世，使毛老贼震惊不安之甚，相继朱德也死去，朱毛朱毛呀，没有朱了，毛也活不成了，人到该死的时候，不费劲就死了。

天安门广场上学生闹事，要求民主，给周恩来建纪念堂捐钱。本来学生闹事起哄是毛泽东发动的，用来吓唬那些有财势的胆小鬼的利器，使用游行示威等恫吓手段，现已过时了。你们又用来对他使用还能行吗？他还怕骂吗？不接待，也不问，不见。有多少人都往里进，一个也不许往外出，还有进的没有？没有！好，封锁。有进的还进，没进的，四面包围，不许出去。天安门上架起机枪，扫射一小时两小时三小时后看，还有站着的没有。没有了，好，端起步枪上刺刀。干嘛？下天安门进广场仔细检查，看看还有否没有死透的，有活气的再补上一刺刀，不行就再多加一刀，叫他们都死干净为止！一个也不留，免得透露消息，严加保密，斩草除根嘛。萌芽不生，上报死亡八名人士，咱们要煮民，他妈的他要民主，民都主了，那他妈的咱还煮啥？将广场洗刷干净就没事了。天安门事件了结。

苏加诺总统来华访问，面见毛主席询问天安门的事件里死了多少人，毛主席回答，死了八个人。啊？八个？还得加上四个零吧？苏加诺总统他是从哪里得来的消息呢？他们干得那么绝那么妙，那么神秘，雀鸟飞过还有个影子呢，这么机密的天安门事件是共产党首次遭到政变反对。

毛泽东听到后急感惊愕。震惊之极，大为惊恐，比较与周朱逝世，惊惧尤甚。苏加诺总统辞去后急召侍从人员追问，天安门事件死了多少人。回答，死了八个人。八个？还得加四个零吧？啊？那就是八万多人，你为什么不报。叫我保密。叫你保密是对外保密，对内你不能不报。这下子完了，密也保不了呀。你怎么洗刷的广场，是用火碱，水和洗涤剂，多少人洗刷的？五千人，多么长的时间？一天一夜，还得加一夜吧？啊，那就是一天两夜，这回落实了他们都有个落实，又一大惊，此惊更甚，奄奄一息了。

情急至此，还是舍不得放手主席。真想带进棺材里去呀。但有一线之路，也不肯放手哇。喘息之余，1975 年诞辰之夜，百花齐放，张姐，孟夫子给主席拜寿，磕头祝贺主席长命百岁。他说，长命百岁比万寿无疆好，谁能万寿无疆啊，长命百岁不是还有活到九十多岁的吗？给我磕头，我也保佑不了你们了，全仗你们保佑我啦。张姐和孟夫子说，咱互相保佑吧。这就证明他寿将不长。

主席又说，我那时候，比你们现在小得很多呢，跟着奶奶去烧香磕头，嘴里还祷告，求菩萨保佑。

这时候放下主席之责，转交接班人，安排就绪，既省心又免去变乱，安定多了。不许，他是制造混乱来的，不混乱到底，他不能够死。天安门前杀害十几万好青少年。行了吧？这回行了，够数了。还舍不得，大撒手，写了个"你办事我放心"，交给江青拿着才死去。这是 1976 年 9 月 9 日。从 1921 年 7 月 1 日建党到 1976 年 9 月 9 日，毛泽东在世五十五周年零七十天。生前制造混乱，黎民涂炭，饱尝其苦，死后余孽遗害多端。他若不死，中国终无宁日。

申公豹归位以后，中共中央党政当局开全体会议，决议接班人的人选。当场，江青胸有成竹的把握在手，有毛主席亲笔写的"你办事我放心"字条在手心拿着，接班主席还有问题吗？他只是写了个"你办事我放心"，没写是谁，这就有疑问了。看是在谁的手里宣布，那就是谁了。在江青意识到这是瘸驴没走，灶王爷吃糖瓜稳拿，主持会议的还没宣布是怎么选的方式，她掏出来看一遍，递给叶剑英看。叶剑英看了看，也思想着和江青想的那样，在会上，传看一遍就行啊。看完递给华国锋看。到华国锋手里，看了说，这是主席亲笔写的，说"我做事他放心"，指定我是接班人，叫我接他的班。

江青听闻华国锋宣布毛主席叫他接班，这才醒悟。呵呵，没写是谁。在谁的手里，谁公布就是谁了。那是给我的。看这事干的呢。够多么愚蠢呢。现成的主席位置送出去了，再往回要还行吗？不行了吧？怎么办呢？搞政变。早着点，两点钟就去抓起他们来。主席还是咱们的。对，就是这么办吧。江青一派，议定次日晨两点钟开始行动，抢抓华国锋一派。走漏了消息，有人向华国锋告密，华国锋派说好，如果他们两点钟来，咱们一点钟去抓他们，行动早也快。

江青等还没作准备呢，哟呵，敌人方面来到了。这就没法了。束手就擒，没加抵抗，两下互相开枪枪战，那就更糟糕了。江青自己觉着有申公豹撑腰，当不当主席也没啥，我是主席夫人，尊严地位不能减弱就行呗。华主席就职，党主席召开中国共产党十一届全国代表大会，主持会议，对四人帮的处理，和对毛主席的功过评价等。

江青首名，第一位，这不是中状元，头名是状元。张春桥第二名，姚文宇第三名，王洪文第四名，陈伯达第五名，汪东兴第六名，黄永胜第七名，邱会作第八名，李作鹏第九名，江腾蛟第十名。十名四人帮，一半是毛申帮狼狈为奸，其他是林彪派，帮凶。论功过优劣，不能随和，得有主观性。四人帮何罪之有哇？他们也是奉命行事啊。据我评论，除江青陈伯达二人以外，其他的人都无罪，只是受蒙蔽。受蒙蔽无罪啊，还是有个胁从不问呢。

给毛论功过，四人帮刑事

江青狠毒之极，仇鳌是毛泽东的好友，又是大恩人，九十多岁的人了，被强逼着扫大街，气愤而逝。齐白石，死了的人还要被整一下他来出气。死了都死了呀，既往不咎啊，还纠结个啥劲呢？对她处刑是有道理的，对恶毒人就得恶对待。

陈伯达给毛泽东开过汽车，当过秘书，在河北阜城办过一点机密好事，卖力攻击国家领导人，冀东区大量制造冤案。由于他的一次讲话，受影响的八千三百多人受害，其中死亡的有二千八百多人。这样的干将功勋大大的，劳苦功高的人也被打到了，主因是由于看不起江青。看不起她，没法的。她看不起你就打到你，逮捕监禁，还列入四人帮伙，被判处有期徒刑十八年，冤死了。

谋反叛逆，罪在一人，法不责众啊。别人有什么罪啊。林彪被打死了，首犯。他是没成功，成了功就不犯了，也是首屈一指的工作，大人物之一的人了。胜者王败者寇啊，四人帮则应该无罪。

中共十一届三中全会评论毛泽东的功，不惩过。开国有功，功不能算他自己的，按围猎论，他居首功就行呗，还能全功吗。

建国有错，开国不建等于混乱。五大运动，四大折腾，三大红旗，两条腿走道，独裁一元化领导。开国后三十年的破坏不建设，最后来个十年动乱，大革命引起天安门事件，杀害八万多青少年，自己吓死。总结开国有功，建国有错，文革有大罪。一功二罪，结局一个是高墙壁垒，简政养民，经济建设，缓称尊王号。大错在建新国号，若仍以中华民国号之对台湾的收复，文收武复，无不可为。我们是内政，勿容干涉。你建了国号，联合国有责任制止侵略别国，英明领导华国锋主席十一届三中全会确定一律平反，平等相处，取消一切阶级界限，毛贼最喜欢穷，越穷越好，敌人多更好。中华人民共和国被毛泽东折腾得千疮百孔，破烂不堪，百废待举。华主席提宏伟的大建设，分工合作，工分了，是谁也不干。最后结果是垮台，责任都推推到华国锋一人身上，谁也不负责任了。

1987 年中华民国周刊上，叫着名字问说，邓小平，你举手没有，你们政治局的那些成员，都同意没有，华国锋提出的那些宏伟建设，谁也不干，垮台了，谁也不负责任，把责任都推到阿斗皇帝华国锋一个人身上，如果是有功，就互争不让了。

共产党一贯是这样的，有利就猛冲快上，困难就快躲推让。有好人物就拉链承认是共产党人，犯罪就开除党外，再论开国大典的照片都三次修改啊。开国大典了，高岗犯错误了，把他取消涂掉，林彪叛逃了，把他也取消，不允许叛徒存在，也涂掉。四人帮作恶多端，人也多，这回取消都涂掉，开国大典没有几个人了，怎么涂？别涂了，好歹带着吧，也有个将就有劲了。

前七国时期，齐国国君姓姜，燕国乐毅破齐国七十余城，只剩高密即墨两城，困三年不下。以后遂被田丹所败，齐国国君换了姓田的了，齐国还是齐国，他若是改了国号，周天王驾前不好交代，三家分晋就是嘛，韩赵魏分了晋国，周王问，怎么样分地晋国，三家不敢说是分的，强词夺理说是取之于别人之手。毛泽东你当家了，还论什么国号旗号干啥啊。他也会说，今非昔比啊。那时候周王虽衰，尚有朝政，有些诸侯国听从王命，现今，既无诸侯又无王命，是各自为尊，我不建个国号，也如锦衣夜行了。我们那祖先堂里，马恩列斯，岂能相容呢？我是为了尽忠又尽孝，向马恩列斯等前人的忠孝双全哪，巴枯宁早就说过了，一切的政权都是欺骗你的。你这个忠孝哇，也是骗局而已。毛泽东骗子手，你和谁有过忠实信义呢？国共两次合作，你都背信叛变。和仇鳌的友谊，把他也治死了，三天不学习，赶不上刘少奇，把刘少奇也整死了。连他俩儿子，刘允斌刘允若也整死，爱新觉罗溥仪宣统皇帝四百六十八件精选的珠宝也没挽救了他的一死。李宗仁混蛋加三绞，四十万美元，比张学良还还混蛋百套。张学良本身就够愚蠢的，想利用中共借力闯天下，混蛋之极啊。李宗仁既得的天下，还赔上四十万美元来买死，这不是比混蛋还混吗？

留得青山在还怕没柴烧吗？急于求成还行吗？有复兴基地存在，就不怕没有复兴之日。曹操害死华佗，申公豹把他的华佗大夫也害死了。华佗大夫情急之下给毛泽东写信上，我救了你的命，需要你也救我的命。毛置之不理。中共历史上是记载的。他不一定能接到告急的信件。他接到华佗大夫的信也不理，能怎么着。奸贼都是这样的。曹操惧杀吕伯奢一家三十多口逃走出村，正遇吕老沽酒回家，把吕老也杀了，陈宫说他，他说什么斩草除根永不发芽，但今非昔比，狠毒之人都是以狠毒为快，曹贼不杀吕老，老头回家一看，全家被杀的情景，该如何的悲苦。把他也杀了这也如同样救了他更难受，不如不救。

论罪毛泽东，谈历史记载

盖棺定论，所谓人生之事好与坏，死后盖上棺材再论。人的好坏是不能更改了。毛泽东一生奸险滑，欺骗恶诈黑狠毒辣，无所不至。他也会说，你们学那么些孔孟之道何用啊？

汉高祖增衣推食给韩信，封他三齐王，五不死，见天见地见君见臣见铁都不死，还有死吗？未央宫用竹刀杀死了。

宋太祖叫他那些武将多置良田美宅，免得君臣互猜，杯酒释兵权。明太祖庆功楼更狠，哪朝哪代不是兔死狐烹啊，用完了就杀呗。就是孙中山没有，还让位大总统，他也没长久了。你看我用的这些个历史官员，溥仪清朝末代皇帝，一生三次为君，杜聿明，郑洞国，王耀武等，都是中华民国的将领被俘之人阶下之囚，幸存就可以了，还给以专员的称号，他们能敢不往好处写吗？这也是我毛泽东的战略部署，我叫他实事求是地写，我也不能把他手抓住写啊。共产党员巴枯宁早就说了政权都是欺骗的，要是不欺骗能得到政权吗？既得到了就发挥之呗，有权不使，等于白纸。看我叫他们都使出来，盖棺定论，他人已死，不能复生了，这是定理。再也不能更改了。必然之事，论证他的好坏。毛泽东申公豹一生一世所犯的罪名列后：

1. 1921 年中华民国十年七月一日建立中国共产党起，发出谎言说中国大总统人人有份，谁都可以坐，他这蓄意制造混乱，趁机叛乱，发展壮大，阴谋浑水摸鱼，两次直奉战争，一次豫皖战争，河南民众吃麦糠不是麦子，是扬麦的皮子，可做牛马饲料之用，人吃了，这都是毛申贼作孽所致。

2. 第二罪名是国共合作中欺骗孙中山，卖力真实干一段时间，是由于列宁介绍的原因吧？或许列宁有遗嘱。列宁孙中山相继逝世，就变质了。阴谋叛变，国共合兵广州誓师北伐，攻到武汉南京一带，看出军阀们实在是不堪一击啊。，于是叛变降俄，实指俄共支援。俄共斯大林老贼侵占去江东六十四屯，害死中国人数万，发个财，侵去江东六十四屯。

3. 造成十年混乱战争。逃到陕甘宁地区又被迫投降，二次国共合作，欺骗了张学良将军，敌匪都是这样，失势而降得势则猖狂横行。

4. 勾结日本来助，说得好听无比，正和民意民心，暗中支持日寇害国害民，想和列宁利用欧洲之战歼灭沙皇，是的，在中国就是来消灭国民政府。

5. 日本先期放下武器向中华民国政府投降了，申公豹毛泽东慌了手脚，再也没法可想了，大打破坏战，不讲和。美国国务卿马歇尔多次为此出力，贼匪得势不容缓了。

6. 收买式的土改，把土地多点的户集中起来打骂斗争。他们一面说，另一面不许说话，这就叫说理斗争。打骂完了划成分，分地主、富农、上中农、中农、下中农、贫农、雇农七个阶级，中下贫农是他们贼伙，管制着地富吃饭的人。分了地去，就说是买的，地主富农还得说是卖给他的地，这就是收买的方式。得了地了，就得去参军卖命，或者抬担架。地富成分的人一律不用，工商等的收买方式都是这样的。

7. 三年争夺战小米加步枪都是穷小子们的命换来的。他们说是三年自卫战，一夫成名千百万人丧命

8. 发动吞并大韩民国战争，失掉攻取台湾良机。自己杀害无数无辜青少年，无益的战争费用自己承担，赶上诸葛亮说周瑜，周瑜妙计安天下，赔了夫人又折兵。这是毛斯合助金吞韩造成朝鲜断了人烟。中共吃亏上当不敢言，战争军费最终归毛承担，中国人冻饿而死万千，数已难查清楚

9. 1960 年苏俄讨战争债务限三年还清，否则中国长城以北之地给苏联。看你们这个样子的老大哥，够多么亲热土地呀。这样岂不危险之极？

10. 没被冻饿而死的剩下几个半死不活的人，缺乏教育，然后开始社会主义教育，又死点，还剩点？再来个文化大革命，看是怎么样。长期的进行整，进行多次整。这回效果大，全国性的大监狱，一亿八千万民众受害，死的都是党内主要人士，有抗日参战人数多，时间也长，钱财五千多亿！

11. 天安门前学生起哄示威，要求民主。文革十年浩劫还不够，再补充点。精细品质，都是高级干部子弟，十几万人过瘾了，国灭家败。

12. 罪大恶极的技术人员回国建设结果被送交劳改。抗日战士被判处徒刑。他们都犯什么罪？极显明的是，老贼幸灾乐祸，人民群众都穷饿而死，才好呢。中共中央十一届三中全会评论，他开国有功，建国有错，文革有罪，是一功一错一罪，到十三届四中全会就变成了全新，三七开，七为人民。他孙子也评他为二八为人民。是怎么样的个三七为人民，二八为人民。为人民啥？我评价他是百分之百丝毫不折不扣的为人民干啥呢？制造灾难困苦，制造恐怖，离间互杀等。毛泽东老贼制定的保险工资铁打的饭碗，三面红旗公社集体一律自己倒了，垮台了吧，他自己吓死了，家破人亡。毛家天下瓦解到底了吧？接班制也不行，再看人家邓小平，天安门前闹事，八十吨重的大坦克轧平，没法查数了，也不知道死了多少人，只剩下方励之夫妻二人被联合国保护起来，不得不宽大赦免释放，假惺惺地说，方励之得到宽大处理了。不宽大行吗？你敢吗？又过了二三年，又宣布参加天安门闹事的人员释放一批，还写上几个人名作假欺骗够，多么像啊！

斯大林助中　都是些什么

　　第一个：1917 年中华民国六年，列宁斯大林二贼，借助欧洲战，叛变了沙俄皇帝，建立赤党布尔什维克，宣布凡是沙皇在国外所有特权一律作废无效，概不接收。怎么他们在中国的特殊权利，他们布尔什维克党接收去了呢？中东铁路北满段，南满段割让给了日本，铁路收去了，币值作废不管了。他们准的。还会说，我们巴枯宁早说，给你们了，都是欺骗的。哪有真的呀。我们沙皇在别国没有特权，我们对别国说的一律作废无效，不是对你中国说的。对你中国，不但接收铁路，还要土地呢。这是第一等，再看第二等。

　　发展了毛泽东，介绍给孙中山作为国共合作。中共叛变国民政府投靠赤俄，称谓苏红，把中国分化，这是第二等。第三等呢？

　　1929 年中华民国十八年，斯大林老贼侵占江东六十四屯，数万中国人都被推入江中淹没而死难，中共中央闭口不言，这是第三等，再看第四等。

　　日寇侵华进入东北。黑龙江省主席马占山抗日失利，率部退入俄境内求援。斯大林老贼将中国马占山部队武器收缴，将人驱逐回国，任凭日寇杀害，明显的助日本侵华，再看第五等。

　　抗日战争胜利，结束第二次世界大战，斯大林老贼驱兵进入中国东北，直抵山海关，将日寇遗产车辆船舶厂矿机械物资粮棉油煤等一律扫干净光，和猫舔一样光亮，都拆卸回国，来盟国大大的发了个财回去。

　　第六等，联合国救济物资说是侵略，不叫中共要，毛泽东就听从了不要，斯大林老贼不侵略他全收去了，又发个小财。

第七等，福建前线准备攻台湾的部队被欺骗进入朝鲜，说是志愿军，受了蒙蔽欺骗，还得说是志愿，失去攻台之机，错误攻韩国，致使朝鲜百女一夫之苦

第八等攻韩是中苏合办的，苏出武器，中共出人，归根到底苏共向中共讨债，中共又受骗了。

第九等文革时期又抗美援越，又是中苏合办。中国是越南可靠的大后方，最后呢，越南回兵往中国打，三天要打到北京。越攻南，苏攻北，中共死人不可胜记，出现逃亡

第十等，1955 年中共从别国购买的小麦，进口从别国经过不放心，从苏联走吧，都是社会主义国家。哪里知道啊，更糟糕的是，小麦被换成了马料粮有麦，是喂马的饲料，换去了中国进口的小麦。

第十一等，1951 年，苏俄给进口的花布派售，号召中小学的教员要带头买，布的质地最劣，花样好看，价格高昂，苏共贼种净玩弄欺骗手段了。俄共给中共这么多欺骗手段，中共是真的不知觉呢还是故意装作不知道呢，是为了尽忠孝还是为害苦中国人呢？真是令人难解其意

最近俄共分家。俄共那个部分的领导人是戈尔巴乔夫，向邓小平提议，要求两国恢复外交关系正常化，是又想向中国施行什么花招来欺弄中共国家呀？哎哟哎哟，这么样的老大哥真够要命的，比日本鬼子还厉害百倍！

俄共欺骗遍了世界，非洲一些穷国家都是殖民地国家，穷得叮当响。那些人们惰性懒，不爱劳动，有的是土地，不种地，要饭。若种地能收三熟，他们懒吧，俄共利用上了，叫他们共产，分他们的，没收他们的，你们就发财了。甭干活了，和他们打仗，我借给你枪炮弹药等。没钱？借给你钱，打了他们再还我，把他们也打垮台了，收点钱财物资，不够还债的呢，把外国侨民弄垮台都走了，自己干不成了，赔光蛋了，做工没人雇，更穷。失业挨饿了。肉蛋等好吃的，好用的，都

被赤俄大飞机装走了。吃的没有，工作也没有，家也没有了。俄大鼻子来给当家作主了，还有你们的好吗？

受骗一时啊，长久就醒悟了，变成驱逐赤匪。俄共在非洲欺骗不动了，来骗日本。日本地少人多，想的是给他点地，贷他的大钱，掠他的四个岛屿，还有半截库页岛。退给他两个小岛，借他二百五十亿美元，日本说，你要想贷款吗？那四个岛都退给我们，贷款的问题我们商讨一下。不都退给我们就不用商讨，贷款也不行。四个岛屿都退还了，贷款二百五十个亿美元的巨额，也不一定能如数贷到。

赤俄每年赤化一国，都知道赤色骗局，越赤化越贫苦，就都不上这个当了，还是得自己干才行啊。依靠巧取点，欺骗点，诈点骗点的，不是长远的办法！

大洋洲非洲等地都团结起来，自己出力干，不听信共匪骗局，赤俄欺骗不了了，没办法，指着欺骗吃饭不行了。分了家，更穷苦难哉了，又来中国欺骗中共。邓小平要上套了，齐奥塞斯库戈尔巴乔夫邓小平金日成等，都是共匪首脑，奸猾欺诈没有正经事，中国大陆受其制已沉深渊，待救亡国奴之地位。幸有复兴基地，尚有一息之望可依。

中共分子都忘记自己是中国人了。亡国奴可救，忘了国是难救的，指望他们救是无济于事的了，只有复兴基地可望。

中共毛泽东四大发明创造：

1. 无粮糕点
2. 人造蘑菇
3. 人造肉
4. 无粮饼干

说明：这四大发明创造，人造肉我没吃着过，不知是啥味，也不知啥样的。据说是有点酸腥味，好味是没有的！

有人造蘑，吃了中毒受害。做法么？用马粪在炕上铺一尺来厚，再铺上土约数寸厚，洒水加高温，就收蘑菇，也没吃过。

人造无粮油糖糕点做法么：用苞米包子放锅里煮，一锅放三斤碱，煮好后按洗衣板上搓，把纤维丝洗出去，过包沉淀，用那些沉淀的泥放点小苏打做出蛋糕样子，烤成黄色，像鸡蛋蛋糕，挺好看！粘酸，别的啥味道没有

无粮饼干，既无油也没糖，原料是柞树叶子，采回剁碎上磨拉细过水沉淀，用细渣子做出饼干样子，小块，不烤不蒸也不敢煮，省事，冻干就行。吃过，哈！啥味没有，渣越嚼有个凉劲，像吃冰棍似的，这就是申公豹为人人谋的幸福就这样。

日本人有个迷信，出征的官兵都随身带有护身符，像蒙古族一样，到处都祈祷。中国的帮会他们也有称正义团。中国战场上南京战役中在战场上预卜中日战局谁胜谁败的问题，用面做成两个人，一个是日本天皇，另一个是中国领袖蒋介石中正先生，拿着两人，同时给狗吃，看是狗吃哪一个，这是表示胜败的，显示，狗把日本天皇吃了！再拿中国领袖给狗吃，狗跑不吃。往狗嘴里送。狗不张嘴，跑，不叼。在场的人都大哭说，完了，日本，大大的失败无疑了。